THEO STEMMLER

Goethe und Friederike

Wahrheit und Dichtung

Insel Verlag

Insel-Bücherei Nr. 1471

Goethe und Friederike

VORWORT

Goethes Liebe zu Friederike Brion in Sesenheim ist eine der bekanntesten Liebesgeschichten im deutschen Sprachraum. In diesem Band werde ich versuchen, Goethes Originaltexte, die sich auf seine Straßburger und Sesenheimer Zeit vom April 1770 bis zum August 1771 beziehen, vom Firnis der seit Generationen veröffentlichten Interpretationen zu befreien und ihre ursprüngliche Bedeutung leuchten zu lassen.

Die Evidenz der biographischen Zeugnisse zwingt ja oft zu einer kritischen Bewertung der Person des schaffenden oder reproduzierenden Künstlers, ohne dass seine Leistung minderbewertet werden darf.

Schließlich können Goethes Egomanie, Eitelkeit und die von ihm selbst eingestandene Hypochondrie – *von Hause hatte ich einen gewissen hypochondrischen Zug mitgebracht* – uns nicht an der Wertschätzung auch seiner frühen Lyrik hindern. Dass solch eine distanzierende Sicht meist nur zögerlich – zuweilen nie – in Angriff genommen wird, ist der auch heute noch verbreiteten Heldenverehrung der Künstler zuzuschreiben. Dies gilt insbesondere für Goethe, dem bereits früh die Apotheose zuteilwurde: »Dass Goethe Götterkraft hat in seinem Wesen, weiß jedermann«, schrieb der Schriftsteller Wilhelm Heinse in einem Brief vom 28. März 1775, als der Vergöttlichte erst fünfundzwanzig Lenze zählte.

Die uns erhaltenen Texte sollen für sich selbst sprechen – unterstützt durch meinen Kommentar: Goethes Briefe, *Dichtung und Wahrheit* und seine Gedichte. Dass für den Kommentar die wichtigsten exegetischen Bemühungen berücksichtigt wurden, versteht sich von selbst; sie sind im Anhang aufgeführt.

Der von mir gewählte Untertitel »Wahrheit und Dichtung« als Umstellung des von Goethe gewählten ist weniger provokant, als es zunächst scheint. Denn einerseits war dies der ursprüngliche Vorschlag von Goethes Mitarbeiter Riemer für die Autobiographie, den der Autor dann aber verwarf.

Und überdies ist mit meiner Umstellung nicht die gängige Kontrastierung von historisch »Richtigem« und »Erdichtetem« gemeint, sondern lediglich die Absicht, Belegbares stärker als bisher zu Wort kommen zu lassen. Goethes Anliegen, das von ihm so genannte »Grundwahre« auch durch »Gedichtetes« zu vermitteln, wird also nicht in Frage gestellt – ganz in seinem Sinne, wie er dies in seinem Brief an König Ludwig I. von Bayern am 17. Dezember 1829 versichert hatte:

> *Es war mein ernstestes Bestreben, das eigentliche Grundwahre, das in meinem Leben obgewaltet hatte, möglichst darzustellen und auszudrücken.*

VON FRANKFURT NACH STRASSBURG

Am Morgen des 2. April 1770, einem Montag, verlässt Johann Wolfgang Goethe, zwanzig Jahre jung, sein Elternhaus, Großer Hirschgraben in Frankfurt mit dem Wappen »Zu den drei Leiern«, und steigt in die auf ihn wartende Postkutsche, die ihn in mehrtägiger Fahrt auf linksrheinischer Strecke über Oppenheim, Worms, Bobenheim, Speyer, Germersheim, Rheinzabern, Lauterburg, Selz und Wantzenau zum Studium der Rechtswissenschaft nach Straßburg bringen wird. Der junge Studiosus ist's zufrieden, dass er die Reise *auf der neu eingerichteten bequemen Diligence ohne Aufenthalt und in kurzer Zeit vollbrachte.*

Da hatte er Glück – und auf der Reise ins *schöne Elsass* genügend Zeit, sich an seine Kutschfahrt nach Leipzig und überhaupt an seine dortige Studienzeit fünf Jahre zuvor zu erinnern: *Durch Thüringen wurden die Wege noch schlimmer und leider blieb unser Wagen in der Gegend von Auerstädt bei einbrechender Nacht stecken … Wir taten das Mögliche, uns los zu arbeiten.* Und in *Dichtung und Wahrheit* diagnostiziert der alte Hypochonder viele Jahre später: *Ich ermangelte nicht, mich mit Eifer anzustrengen, und mochte mir dadurch die Bänder der Brust übermäßig ausgedehnt haben.*

Auf Straßburg freut sich Goethe – aus mehreren Gründen. Bereits am 23. Januar 1770 hatte er Käthchen Schönkopf, der früheren Leipziger Freundin, seine Vorfreude mitgeteilt: *Frankfurt bin ich nun endlich satt, und zu Ende des Märzens geh ich von hier weg. In Straßburg werde ich bleiben.* Doch unruhig wie ein Federweißer kündigt er im selben Brief an: *Von Straßburg ziehe ich nach Paris.* Aber andererseits überlegt er: *Was soll das Herumfahren? In zwei Jahren bin ich wieder da. Ich habe ein Haus, ich habe Geld. Herz, was begehrst du? Eine Frau!*

Und er stellt einen bemerkenswerten Kausalzusammenhang her, der für seine erotische Zukunft Schlimmes ahnen lässt. *Dass ich ruhig lebe, das ist alles, was ich Ihnen von mir sagen kann, und frisch und gesund und fleißig, denn ich habe kein Mädchen im Kopfe.* Schnöde – heute sagt man eher »cool«– stellt er auch im Rückblick auf seine einstmals so geliebte Freundin fest, dass es ihm ohne Mädchen weit besser geht als früher.

Jedenfalls erfüllt ihn nach seiner schweren Erkrankung in Leipzig und der anderthalbjährigen Rekonvaleszenz im Frankfurter Elternhaus neuer Elan:

> *Der Himmelsarzt hat das Feuer des Lebens in meinem Körper wieder gestärkt, und Mut und Freude sind wieder da. Ich bin wieder Studiosus und habe nun, Gott sei Dank, so viel Gesundheit, als ich brauche, und Munterkeit im Überfluss.*

Vor allem aber ist er froh, endlich der Fuchtel seines Vaters entrinnen zu können. Dies galt schon für seine Reise nach Leipzig und trifft – wie so vieles andere – auch für Straßburg zu. In gewohnt schöner Metaphorik schreibt er später von der *heimlichen Freude eines Gefangenen, wenn er seine Ketten abgelöst und die Kerkergitter durchgefeilt hat.* Und wie so oft lässt er uns in *Dichtung und Wahrheit* an seiner Altersweisheit teilhaben: *So lösen sich Kinder von Eltern, Diener von Herren, Begünstigte von Gönnern los. Ein solcher Versuch, sich unabhängig zu machen, ist immer dem Willen der Natur gemäß.*

Kurz vor seiner Abreise nach Straßburg gab es einen heftigen Streit mit dem Vater über die Einrichtung des Hauses – über Fragen des guten Geschmacks, die der Neunzehnjährige unfehlbar beantworten konnte, was dem kunstbeflissenen Herrn Rat natürlich gar nicht gefiel.

Der auch in Fragen privater Wohnkultur stets auf ästhetische Vollendung achtende Goethe hatte den vom Vater entworfenen Umbau des Elternhauses mit einer gewaltigen Freitreppe kritisiert, Änderungen vorgeschlagen und außerdem einige Details der Inneneinrichtung bemäkelt, worüber dieser *in einen unglaublichen Zorn geriet, der um so heftiger war, als ich kurz vorher einige schnörkelhafte Spiegelrahmen getadelt und gewisse chinesische Tapeten verworfen hatte. Es gab eine Szene, welche … meine Reise nach dem schönen Elsass beschleunigte.*

Goethes Vater war ein widersprüchlicher Mensch, dem seine Strenge und Sparsamkeit immer wieder heftige Abneigung einbrachten. Der Sohn drückte sich erst kurz vor dessen Tod vorsichtig lobend mit gewohnter Überheblichkeit aus: *Mein Vater war ein tüchtiger Kerl, aber freilich fehlte ihm Gewandtheit und Beweglichkeit des Geistes. Er ließ mich mit meinen Possen gewähren.*

Goethes Elternhaus im Großen Hirschgraben, Frankfurt am Main

Andere ließen Kaskaden von Beschimpfungen auf den Kaiserlichen Rat los – am wüstesten Thomas Mann in seiner *Phantasie über Goethe*: »... ein sonderbar übelnehmerischer, unverträglicher Mann, ein moroser, berufsuntätiger, sammeleifriger Eigenbrötler und lastender Pedant, ein querulierender Hypochondrist.« Zynisch gar äußerte sich Herzog Karl August von Sachsen-Weimar, Goethes Dienstherr und Freund, beim Tod von Goethes Vater: »Goethes Vater ist ja nun abgestrichen, und die Mutter kann nun endlich Luft schöpfen.«

Inzwischen wurde der Kaiserliche Rat von Goetheforschern wie Boyle und Koppen rehabilitiert. Er war einerseits von pedantischer Sparsamkeit, doch auch großzügig – insbesondere, was die Erziehung und Ausbildung Johann Wolfgangs und dessen Schwester Cornelia anging. So führte er penibel ein Haushaltsbuch, in dem er zum Beispiel mit grotesker Genauigkeit den Kauf eines irdenen Nachttopfes für 24 Kreuzer vermerkte. Doch beeindrucken uns die Einträge für die hohen Kosten von drei Studienjahren des Sohns in Leipzig in Höhe von 3600 Gulden – und in Straßburg von »1449 Gulden, 55 Kreuzer«, wie er mit kleinlicher Präzision zusammenrechnet. Diese Zuwendungen – etwa 100 Gulden im Monat – waren äußerst großzügig. Zum Vergleich: Die Köchin im Hause Goethe erhielt 24 Gulden, die Dienstmagd 18 – im Jahr!

Die väterlichen Zahlungen erlaubten es dem Studenten Goethe, in Leipzig und Straßburg ein sehr üppiges Leben zu führen – und ein ungesundes dazu: Das Essensangebot des Leipziger Mittagstischs war *köstlich, kostspielig*. In einem Brief aus Leipzig an seinen Jugendfreund Johann Jacob Riese schwärmt Goethe von einem gargantuesken Speisezettel: *Hühner, Gänse, Truthahnen, Enten, Rebhühner, Schnepfen, Feldhühner, Forellen, Hasen, Wildbret, Hechte, Fasanen, Austern, pp. Das erscheint täglich. Nichts von anderm groben Fleisch – ut sunt Rind, Kälber, Hammel. Das weiß ich nicht mehr, wie es schmeckt.* Und Alkohol hat Goethe bereits als junger Mann in Leipzig nie verschmäht: *Ich bin besoffen wie eine Bestie*, schreibt er am 16. Oktober 1767 an seinen Freund Ernst Wolfgang Behrisch.

Während er sich über finanzielle Unterstützung wahrlich nicht beklagen konnte, nahm er seinem Vater die unflexible, ja sture Bestimmung des Studienfachs und der Studienorte übel. Er hätte am liebsten »Schöne Wissenschaften« in Göttingen studiert – doch sein Vater zwang ihm seine eigene akademische Biographie auf: Jurastudium in Leipzig und Straßburg, dann Praktikum am Reichskammergericht in Wetzlar. *Unter allen meinen Talenten ist meine Jurisprudenz der geringsten eins; das bisschen Theorie und Menschenverstand richten's nicht aus.* Das von seinem Vater für ihn entworfene und unerbittlich durchgesetzte Lebenskonzept ärgerte ihn noch im hohen Alter – *ich sollte denselben Weg gehen.*

Dennoch zeigte der in Leipzig Gescheiterte und auf den Tod Kranke ein gewisses Verständnis für die Enttäuschung des Vaters und versuchte offenbar in Straßburg beim zweiten juristischen Anlauf, ihn zu versöhnen. *Es war ein sehr niederschlagendes Gefühl, dass ich nunmehr gleichsam als ein Schiffbrüchiger [aus Leipzig] zurückkehrte.* In wunderbarem Ausdruck

Goethes Studentenwohnung in der Großen Feuerkugel Leipzig

und mit psychologischem Scharfblick erinnert sich Goethe an die damalige Reaktion des Vaters:

> *Er verhehlte dabei, so gut er konnte, den Verdruss, anstatt eines rüstigen, tätigen Sohnes, der nun promovieren und jene vorgeschriebene Lebensbahn durchlaufen sollte, einen Kränkling zu finden, der noch mehr an der Seele als am Körper zu leiden schien.*

Allerdings hielt sich das Verständnis des Heimkehrers für die Reaktion des Vaters in Grenzen:

> *Ich konnte ihm nicht ganz verzeihen, dass er, bei den Rezidiven meiner Krankheit und bei dem langsamen Genesen, mehr Ungeduld als billig sehen lassen, ja dass er, anstatt durch Nachsicht mich zu trösten, sich oft auf eine grausame Weise über das, was in keines Menschen Hand lag, geäußert.*

IN STRASSBURG

Gleichwohl – in Straßburg wollte der Sohn es dem Vater recht machen. Am 4. April 1770, einem Mittwoch, trifft er dort ein und steigt im Gasthaus *Zum Geist* im Geistgässel Nr. 15 ab. Und eilt umgehend zum Münster, das ihm *durch Mitreisende schon lange gezeigt und eine ganze Strecke her im Auge geblieben war.* Von diesem *Wunderwerk*, diesem gotischen *Koloss*, diesem *Ungeheuren* zeigt er sich ungemein beeindruckt und besteigt immer wieder die begehbare Plattform – aus mehreren Gründen. Er ist nicht nur der ästhetischen Wirkung des Münsters auf der Spur, die er später (1772) in seinem Aufsatz *Von deutscher Baukunst* ausführlich beschreibt, sondern versucht so, sich gegen seine Höhenangst zu immunisieren – ähnlich wie er später medizinische Vorlesungen besuchen wird, um sich *von aller Apprehension gegen widerwärtige Dinge zu befreien.* Außerdem bietet ihm die weitreichende Sicht vom Münsterturm Gelegenheit zu einer hyperbolisch verklärenden Beschreibung der *Gegend vor mir, in welcher ich eine Zeit lang wohnen und hausen durfte: die ansehnliche Stadt, die weitumherliegenden … Auen, diesen auffallenden Reichtum der Vegetation …* Auf dem Höhepunkt dieses panegyrischen Schwelgens in *Dichtung und Wahrheit*

Das Straßburger Münster

lässt sich Goethe sogar zu einem wohlgeformten Schachtelsatz hinreißen, dessen Schönheit dem geneigten Leser nicht vorenthalten sei:

> *Denkt man sich nun zwischen diesen üppig ausgestreckten Matten, zwischen diesen fröhlich ausgesäten Hainen alles zum Fruchtbau schickliche Land trefflich bearbeitet, grünend und reifend, und die besten und reichsten Stellen desselben durch Dörfer und Meierhöfe bezeichnet, und eine solche große und unübersehliche, wie ein neues Paradies für den Menschen recht vorbereitete Fläche, näher und ferner von teils angebauten, teils waldbewachsenen Bergen begrenzt, so wird man das Entzücken begreifen, mit dem ich mein Schicksal segnete, das mir für einige Zeit einen so schönen Wohnplatz bestimmt hatte.*

Doch zugleich schmuggelt der alte Goethe in seinen Text Vorahnungen ein, die auf die Sesenheimer Ereignisse hindeuten – da hatte er leichtes Spiel, denn hinterher wusste er ja alles besser: *Ein solcher frischer Anblick in ein neues Land … hat noch das Eigne, so Angenehme als Ahnungsvolle, dass das Ganze wie eine unbeschriebene Tafel vor uns liegt … Eine Ahnung dessen, was kommen wird, beunruhigt schon das junge Herz.*

Realistischer als in diesen altersverklärten Lobeshymnen äußert sich Goethe in seinen Briefen aus Straßburg. Da pubertiert er wetterwendisch, gelangweilt und überheblich vor sich hin. An seinen ehemaligen Leipziger Kommilitonen Johann Christian Limprecht schreibt er am 19. April 1770:

> *Fünfzehn Tage bin ich nun hier und finde Straßburg nicht ein Haar besser noch schlimmer als alles, was ich auf der Welt kenne – das heißt: sehr mittelmäßig.*

Und in einem Brief an seinen Leipziger Freund Ernst Theodor Langer vom 29. April 1770 posiert er als Durchreisender, für den Straßburg nur eine Zwischenstation ist:

Goethe im Jahre 1774

Nach Italien, Langer! Nach Italien! Paris soll meine Schule sein, Rom meine Universität – wenn man's gesehen hat, hat man alles gesehen. Drum eil' ich nicht hinein.

Doch nach einiger Zeit beruhigt sich der ungestüme junge Student und teilt Susanne Katharina von Klettenberg, seiner Frankfurter Vertrauten, am 26. August 1770 etwas ganz Überraschendes mit, das seinen Vater, den Doktor beider Rechte, sehr erfreut hätte – wenn man von des Sohnes Information über seinen Alkoholkonsum einmal absieht:

Die Jurisprudenz fängt an, mir zu gefallen. So ist's doch mit allem wie mit dem Merseburger Bier. Das erste Mal schaudert man, und hat man's eine Woche getrunken, so kann man's nicht mehr lassen. Und die Chemie ist meine heimliche Geliebte.

Mittlerweile fühlt er sich in Straßburg pudelwohl. Zu seinem Wohlbefinden tragen mehrere Gründe bei. Er wohnt bei dem Kürschner Johann Ludwig Schlag im Haus Alter Fischmarkt Nr. 36: zweiter Stock, zwei Räume – *einem kleinen, aber wohlgelegenen und anmutigen Quartier.* Dort ist er den drei für ihn wichtigsten Gebäuden der Stadt nahe: dem Münster, dem Spital und dem Kollegienhaus – dem Münster für seine kunsthistorischen Beobachtungen und seine Schwindeltherapie, dem Spital für die Erweiterung seiner medizinischen Kenntnisse, dem Kollegienhaus für sein eigentliches Studienfach, die Jurisprudenz.

Goethes Wohnung am Alten Fischmarkt in Straßburg

Ähnlich wie in Leipzig besucht er einen akademischen Mittagstisch, der von zwei älteren Schwestern geführt wird: von Anna Maria Lauth (47 Jahre alt) und der sechs Jahre jüngeren Susanne Margarete Lauth. *Ein paar alte Jungfrauen hatten diese Pension schon lange mit Ordnung und gutem Erfolg geführt,* wie sich Goethe in buchhalterischer Bewertung erinnert.

An dieser Tischgesellschaft nahmen in wechselnder Zusammensetzung zwischen zehn und zwanzig junge Akademiker teil – meist Medizinstudenten. *Bei Tische also hörte ich nichts anderes als medizinische Gespräche, eben wie vormals in der Pension des Hofrats Ludwig [in Leipzig]* ... Mit apodiktischer Bestimmtheit verkündet Goethe:

> *Die meisten meiner Tischgenossen waren Mediziner. Diese sind, wie bekannt, die einzigen Studierenden, die sich von ihrer Wissenschaft auch außer den Lehrstunden mit Lebhaftigkeit unterhalten.*

Um in der besseren Gesellschaft Straßburgs nicht unangenehm aufzufallen, sah er sich von seinem Friseur *zu etwas genötigt, welches mir das Unangenehmste von der Welt schien*: Er ließ sich eine Perücke anfertigen. Wie so oft verleugnet Goethe hier seine Eitelkeit, denn wenig später verkündet er in *Dichtung und Wahrheit* stolz: *Ich galt immer für den bestfrisierten und bestbehaarten jungen Mann.* Eitelkeit war ihm ja nie fremd gewesen – zu Hause in Frankfurt hatte ihm seine Mutter morgens drei Kleidungsvarianten zur Auswahl vorlegen müssen.

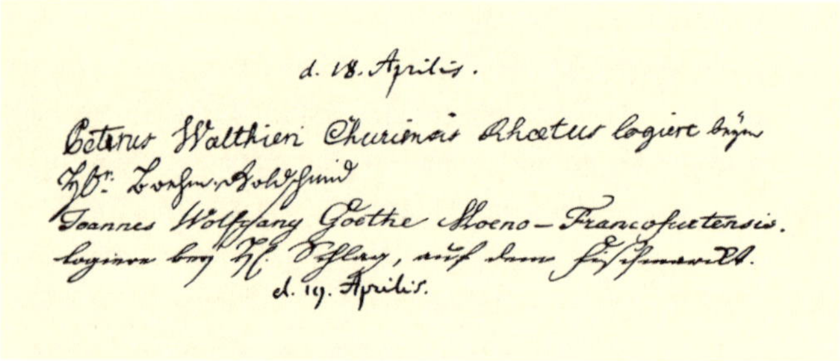

d. 18. Aprilis.

Petrus Walthieri Churiensis Rhaetus logiert bey
Hr: [illegible] Goldschmid
Joannes Wolfgang Goethe Moeno-Francofurtensis.
logiert bey H. Schlag, auf dem Fischmarkt.
d. 19. Aprilis.

Goethes eigenhändiger Eintrag in die Matrikel der Universität Straßburg

Goethes lebhaftes Interesse an der Medizin und Chemie und seine geringe Begeisterung für die Rechtswissenschaft – und allgemein für den Universitätsbetrieb – werden auch in Straßburg deutlich. In einer geharnischten Diatribe (in den *Paralipomena* enthalten) zieht er über die Professoren her:

> *Die Professoren sämtlich, besonders aber die Juristen, waren mit so vortrefflichen Pfründen begabt, dass sie nicht nötig hatten, sich um der wenigen Studenten willen, viel Mühe zu geben. Die älteren folgten einem gewissen Schlendrian; die jüngeren waren wohl geistreich, wurden aber nicht gleich begriffen … Bei mir kamen so viel Umstände zusammen, die mir jene Hörsäle verleideten. So wie es mir in Leipzig gegangen war, ging es mir hier noch schlimmer. Ich hörte nichts, als was ich schon wusste.*

Dem stets an Kommunikation jedweder Art interessierten Goethe behagte die gepflegte, zudem öfters alkoholgetränkte Gesprächsrunde im Hause Lauth, die er in einem Brief an Katharina Fabricius, eine Freundin seiner Schwester Cornelia, vom 14. Oktober 1770 ziemlich arrogant beschrieb als *eine ausgebreitete Bekanntschaft unter angenehmen Leuten, eine aufgeweckte muntere Gesellschaft.*

Vier Teilnehmer an dieser Runde sollten für Goethe wichtig werden – insbesondere für seine späteren Erlebnisse in Sesenheim und seine Beziehung zu Friederike Brion: Herder, Lenz, Weyland und Salzmann; die beiden ersten zählten zu den herausragendsten Geistern ihrer Zeit. Durch Johann Gottfried Herder lernte Goethe Goldsmith' Roman *The Vicar of Wakefield* kennen, der – wie wir sehen werden – seine Schilderung der Sesenheimer Ereignisse wesentlich beeinflusste; und Herder führte ihn wohl auch zum *Heidenröslein.*

Der unglückliche Dichter Jakob Michael Lenz wurde später zu einem glühenden Verehrer Friederikes – und in Weimar von Goethe übel verleumdet. Dem Medizinstudenten Friedrich Leopold Weyland verdankte Goethe den Kontakt zur Familie Brion, mit der dieser entfernt verwandt war. Und Dr. Johann Daniel Salzmann war Goethes Vertrauensperson, an die er zahlreiche Briefe schrieb, die auch über die Sesenheimer Ereignisse Auskunft geben und zu den wichtigsten Originalquellen jener Zeit wurden.

Salzmann war Seele, Präsident, Vorsitzender und Aufseher des Mittagstischs bei den Schwestern Lauth. Von Beruf

*Die vier berühmtesten Teilnehmer an Salzmanns Mittagstisch:
Herder, Lenz, Jung-Schilling, Goethe*

war er »Actuarius« am Vormundschaftsgericht in Straßburg – eine Art Geschäfts- oder Schriftführer, sehr gebildet und Verfasser mehrerer popularphilosophischer Schriften, deren Publikation Goethe später aus Dankbarkeit vermittelte. Er war siebenundzwanzig Jahre älter als Goethe – und damit zum väterlichen Freund prädestiniert. Seinerzeit hatte Goethe in Leipzig Anschluss an den elf Jahre älteren Ernst Wolfgang Behrisch gesucht und gefunden: *Ich, der ich immer gewohnt und geneigt war, mit älteren Personen umzugehen, attachierte mich bald an ihn.*

Salzmanns *Verstand, seine Nachgiebigkeit, seine Würde machten ihn der ganzen Gesellschaft lieb und wert* und zu einer Respektsperson, die auch über den Alkoholkonsum der jungen Leute wachte: *Studierende waren die Überzahl, alle wirklich gut und wohlgesinnt, nur mussten sie ihr gewöhnliches Weindeputat nicht überschreiten. Dass dieses nicht leicht geschah, war die Sorge unseres Präsidenten.* Frei nach dem Orwell'schen Prinzip »Alle Menschen sind gleich, aber manche sind gleicher« beschreibt Goethe später mit gewohnter Eitelkeit:

> *Unter allen jedoch war ich derjenige, der sich am meisten an ihn anschloss, und er nicht weniger geneigt, sich mit mir zu unterhalten, weil er mich mannigfaltiger gebildet fand als die übrigen.*

Kurios – und wohl kein Zufall – ist, dass einige Personen, die eine wichtige Rolle für Goethe während seines Aufenthalts in Straßburg spielen, aus Frankfurt stammen und es so dem Ur-Frankfurter erleichtert haben, sich in der neuen Umgebung zurechtzufinden: als eine Art »Frankfurt Connection«.

Goethes Vermieter, der Herr Johann Ludwig Schlag, war ein Enkel des Peter Schlag, eines angesehenen Frankfurter Bürgers. Er gab Goethe wohl einen ersten Hinweis auf den Mittagstisch bei den Schwestern Lauth, der von Salzmann geleitet wurde, denn dieser besaß eine Hypothek auf Schlags Haus. Vielleicht trug auch Salzmanns Schwester Maria zu dieser Vermittlung bei: Sie war in Frankfurt verheiratet und mit der Familie Goethe bekannt.

Eine noch größere Rolle spielten dabei die in *Dichtung und Wahrheit* erwähnten »Empfehlungsschreiben«, die Goethe aus Frankfurt mitgebracht hatte. Diese hatte er aus dem dortigen pietistischen Zirkel um Frau von Klettenberg erhalten, dem er zeitweise nahestand – vielleicht von Johann Friedrich Moritz, dem pietistischen Geschäftsfreund seines Vaters.

Er fand so Zugang zu einem Straßburger Pietisten – *einem Handelsmann, der mit seiner Familie jenen frommen, mir genugsam bekannten Gesinnungen ergeben war.* Johann Georg Hebeisen war Kaufmann in Straßburg und dort »Kirchenpfleger« der Herrnhuter Gemeine. Seine Anhänger rühmten, dass sein Haus »die Zufluchtsstätte aller Bedrängten« war. Nun gehörte Goethe nicht zu den Bedrängten, sondern suchte gesellschaftlichen Anschluss. Dieser wurde ihm durch Hebeisen vermittelt. Der fromme Gottesmann stellte die Verbindung zu Salzmanns Mittagstisch her: *Die Tischge-*

sellschaft, die man mir und der man mich empfahl, war sehr angenehm und unterhaltend.

Vier Monate nach dieser nützlichen Vermittlung durch Straßburger Mitglieder der Herrnhuter Gemeine distanziert sich Goethe in einem Brief vom 26. August 1770 ganz schofel und überheblich von ihnen, den unnütz Gewordenen:

> *Mein Umgang mit denen* [sic!] *frommen Leuten hier ist nicht gar stark. Ich hatte mich am Anfange sehr stark an sie gewendet; aber es ist, als wenn es nicht sein sollte. Sie sind so von Herzen langweilig, dass es meine Lebhaftigkeit nicht aushalten konnte. Lauter Leute von mäßigem Verstande, die mit der ersten Religionsempfindung auch den ersten vernünftigen Gedanken dachten und nun meinen, das wäre alles, weil sie sonst von nichts wissen.*

Goethes Tischgenosse und Studienfreund Friedrich Leopold Weyland war im elsässischen Buchsweiler geboren. Sein Vater jedoch stammte aus Seckbach bei Frankfurt, sein Großvater war Pfarrer in Frankfurt. Der Freund praktizierte, nachdem er wie Goethe 1771 in Straßburg sein Examen abgelegt hatte, als Arzt zunächst in Frankfurt, später im heimatlichen Buchsweiler. Mit ebendiesem jungen Medizinstudenten beginnt die Liebesgeschichte von Goethe und Friederike Brion. Denn Weyland war mit der Familie Brion verschwägert: Seine Schwester war eine Tante von Friederike – sie hatte einen Bruder der Ehefrau von Friederikes Vater geheiratet.

So schlug Weyland eines Tages vor, gemeinsam der Familie Brion im nahen Sessenheim einen Besuch abzustatten – ähnlich wie er bereits vorher Goethe *in verschiedenen Ortschaften und Familien teils persönlich, teils durch Empfehlungen* eingeführt hatte. Dem unternehmungslustigen Goethe gefiel der Vorschlag – und die Liebesgeschichte nahm ihren Anfang.

SESENHEIM: DIE BRIEFE

An einem Tag Mitte Oktober 1770 satteln Goethe und Weyland ihre Pferde und machen sich auf ins fünf deutsche Meilen (etwa vierzig Kilometer) im Nordosten von Straßburg gelegene Sessenheim. Ein Dörfchen mit fünfhundert Seelen und einer protestantischen Kirche, das wir wie Goethe ab sofort anders als allgemein üblich mit nur einem *s* schreiben werden. Laut einer Erhebung des Straßburger Bistums (1804) sind die Einwohner des Dorfes »alle arm, und das Feld nicht fruchtbar«.

Bevor ich über die Sesenheimer Ereignisse berichte, soll der Leser etwas über die verzwickte Quellenlage erfahren, die deren Darstellung zugrunde liegt. Mehrere sehr unterschiedliche Textarten stehen für eine solche Rekonstruktion zur Verfügung. Fast zeitgleich sind die meisten jener achtzehn Briefe entstanden, in denen Goethe selbst über seine Straßburger und Sesenheimer Erlebnisse Auskunft gibt; etwa dreißig an Friederike gerichtete Briefe sind später von ihrer Schwester Sophie verbrannt worden. Nur acht dieser Briefe hat Goethe versandt; zehn sind als Konzepte erhalten: für die Zeit seines Aufenthalts in Straßburg vom April 1770 bis zum August 1771 eine sehr geringe Zahl, wenn man bedenkt, dass er während seines Lebens immerhin mehr als 12 000 Briefe verfasst hat, die er so wichtig fand, *weil sie das Unmittelbare des Daseins aufbewahren*. Trotz der Zeitnähe dieser Briefe zu den Sesenheimer Ereignissen ist Vorsicht bei ihrer Auswertung geboten. Längst nicht alle Mitteilungen des jungen, von Sturm und Drang getriebenen Goethe dürfen wir für bare Münze nehmen.

Weitaus zeitferner als Goethes Briefe sind seine Berichte in *Dichtung und Wahrheit* – nicht nur aus dem banalen Grund, dass diese Autobiographie vier Jahrzehnte nach den Straßburger und Sesenheimer Ereignissen geschrieben wurde, sondern weil er in ihr die historische Wirklichkeit bearbeitet und sie oft durch die fiktionale Wahrheit ersetzt. Sein jahrelanger Gesprächspartner und getreuer Protokollant Eckermann hat Einschlägiges dazu überliefert:

> *Von seinen »Wahlverwandtschaften« sagt er, dass darin kein Strich enthalten, der nicht erlebt, aber kein Strich so, wie er erlebt worden; dasselbe von der Geschichte in Sesenheim.*

Es liegt auch nahe, Goethes in der Sesenheimer Zeit entstandene Gedichte für die historische Darstellung heranzuziehen – ein gefährliches Unterfangen, an dem viele biographistische Versuche gescheitert sind. Wir können uns glücklich schätzen, wenn wir zumindest den Anlass und die Zeit der Abfassung eines Gedichts bestimmen können. Doch von dessen Text auf tatsächlich Erlebtes – auf die »Sesenheimer Idylle« – zu schließen, verbietet sich meistens: Das Transformationsvermögen auch des jungen Goethe ist beträchtlich. Rückschlüsse vom Text auf jeweilige Stimmungslagen zur Zeit der Entstehung sind dagegen legitim.

Schließlich bietet sich – wie bei jedem Versuch historischer Rekonstruktion – die Nachforschung in offiziellen Quellen an: in Kirchenbüchern und amtlichen Registern zum Beispiel. Sie geben in unserem Fall zuverlässig, jedoch nur sparsam Auskunft.

Im diametralen Gegensatz zu diesen Quellen informieren die Aussagen sogenannter Zeitzeugen zwar umfassend, jedoch unzuverlässig: Von der Märchenerzählung über das Gerücht bis zur Verleumdung reicht die Bandbreite solch trüber Quellen. Die meisten dieser Informanten sind unglaubwürdig und kennen die Sesenheimer Ereignisse nur vom Hörensagen und die handelnden Personen nur aus Erzählungen inzwischen Verstorbener. Auch hier gilt die alte quellenkritische Faustregel: Mit der zeitlichen Entfernung vom Geschehen vermindert sich der Wahrheitsgehalt.

•

Beginnen wir also mit den Briefen Goethes aus Straßburg und Sesenheim. Vor der Begegnung mit Friederike Brion geben diese zunächst immer wieder Auskunft über sein allgemeines Befinden und machen seinen gewaltigen Stimmungsumschwung deutlich, der mit den Sesenheimer Ereignissen einsetzte.

Ziemlich überraschend gibt sich Goethe in den ersten Briefen als frommer, geläuterter Mensch zu erkennen. Am

Karfreitag 1770, dem 13. April, schreibt er an Johann Christian Limprecht, seinen Freund aus Leipzig, einen Theologiestudenten: *Wie ich war, so bin ich noch, nur, dass ich mit unserm Herrgott etwas besser stehe, und mit seinem lieben Sohn Jesu Christo.* Und nicht ungeschickt erfreut er ihn mit zwei Bibelzitaten: *Die Furcht des Herrn ist der Weisheit Anfang* entnimmt er den Psalmen, und aus Matthäus entleiht er *das Hosianna dem, der da kommt.* Vor allem betont er – auch dies gegenüber einem Mann der Kirche angebracht – seine Reue und Zerknirschtheit. Er sei jetzt *etwas klüger.* Und *wenn ich mich erinnere, was für ein unerträglicher Mensch ich den ganzen letzten Sommer war, so nimmt mich's wunder, wie mich jemand hat ertragen können.* Was die Liebe angeht, erinnert er sich an seine Leipziger Affäre mit Käthchen Schönkopf nur noch selbstmitleidig als *meine liebe Last.*

Noch christlicher und tugendhafter gibt sich Goethe in der Fortsetzung dieses Briefs:

> *Ich bin anders, viel anders, dafür danke ich meinem Heilande; dass ich nicht bin, was ich sein sollte, dafür danke ich auch. Luther sagt: »Ich fürchte mich mehr für meine guten Werke als für meine Sünden«.*

Auch in den folgenden Briefen hält er Distanz zur Erotik und zu Mädchen allgemein – eine Haltung, die uns wenige Monate vor seinem heftigen Sesenheimer Engagement besonders interessiert. Seinem sechs Jahre älteren Leipziger Freund Langer erteilt er in einem Brief vom 29. April 1770 väterliche Ratschläge und räsoniert über die Unruhe, die erotische Bemühungen mit sich bringen – *wie ein junges Mädchen ihre Glückseligkeit auf einem Maskenballe sucht, und wie die aus den Zerstreuungen der Welt statt Ruhe Herzklopfen, und statt Sättigung Hunger zurückbringt.* In schöner Metaphorik posiert er als erfahrener Ratgeber, der die Welt und die Seele und die Liebe kennt:

> *Nach Ihrem letzten Briefe sind Sie nicht vergnügt. Sie sind zu entfernt von dem Mittelpunkt Ihrer Welt, um ruhig zu sein, und bisher war Ihr Schicksal zu wandern wie eine Felge – immer herum, immer in Bewegung und am Ende der Achse so nah wie im Anfang. Und ein zärtliches Herz dazu! Unglücklicher Mann.*

Dem Fuchs hängen die Trauben zu hoch: *Wenn wir gerührt sind, ist unser Stolz unwirksam, das wissen unsere Fürsten und Mädchen und machen mit uns, was sie wollen.* In saloppem Konversationsstil fragt Goethe seinen Freund:

> *Wie steht's mit Ihrer Flamme, Langer? Fürchten Sie nichts? Oder sind Sie in dem Zustand, nichts mehr zu fürchten? Jedes von beiden wäre eines Glückwunsches wert ...*

Solchen Ton hatte er in Leipzig von seinem Professor Christian Fürchtegott Gellert gelernt, dem Verfasser einer seinerzeit sehr geschätzten *Praktischen Abhandlung von dem guten Geschmacke in Briefen* (1751), in dem als oberstes Prinzip empfohlen wird, dass der Brief »die Stelle eines Gesprächs vertritt«. Dass Goethe diesem Rat häufig folgt, macht viele seiner Briefe so gut lesbar. *Die Morgenträgheit ist bald weg, wenn man sich nur einmal überwunden hat, den Fuß aus dem Bett zu setzen,* schreibt er im August 1770 an seinen jungen Freund Hetzler in Frankfurt.

Im Brief an Katharina Fabricius, die Freundin seiner Schwester Cornelia, vom 27. Juni 1770 predigt der Fuchs weiter:

> *Welch Glück ist's, ein leichtes, ein freies Herz zu haben! Mut treibt uns an Beschwerlichkeit, an Gefahren. … Und das ist vielleicht das meiste, was ich gegen die Liebe habe; man sagt, sie mache mutig. Nimmermehr! Sobald unser Herz weich ist, ist es schwach.*

Immerhin rafft er sich erinnernd zu einer metaphorisch überaus geglückten Definition der Liebe und des Verliebten auf:

> *Wenn ich Liebe sage, so versteh' ich die wiegende Empfindung, in der unser Herz schwimmt, immer auf einem Fleck sich hin und her bewegt, wenn irgendein Reiz es aus der gewöhnlichen Bahn der Gleichgültigkeit gerückt hat. Wir sind wie Kinder auf dem Schaukelpferde – immer in Bewegung, immer in Arbeit, und nimmer vom Fleck. Das ist das wahrste Bild eines Liebhabers.*

Doch kurz darauf kehrt Goethe zu religiösen Themen zurück. In zwei Briefen an seinen Jugendfreund Augustin Trapp beantwortet er verschiedene Fragen mit Hinweisen auf die Allmacht Gottes: *Wie wollte dem zu raten sein, der sich von Gott nicht will raten lassen?* Und speziell in Fragen der Gesundheit verweist er den Freund in pietistischer Redeweise an den helfenden Gott:

> *Es war eine Zeit, da mir die Welt so voll Dornen schien, als Ihnen jetzt. Der Himmels-Arzt hat das Feuer des Lebens in meinem Körper wieder gestärkt, und Mut und Freude sind wieder da.*

Schließlich gibt Goethe in mehreren Briefen vom 24. August und 28. September 1770 an die Brüder Hetzler, jungen Gymnasiasten in jener Zeit, altväterlich strengen Rat (immerhin ist er inzwischen einundzwanzig Jahre alt) – einem Briefkastenonkel unserer Zeit vergleichbar:

> *Die Zeit wird Ihnen lang. Das vermutete ich. Wenn man nichts anderes tut, als sie sich vertreiben, so muss sie einem notwendig oft zur Last werden … Die akademischen Jahre, die jetzt auf Sie warten, sollten Ihren ganzen Geist beschäftigen. Es ist diejenige Zeit, deren guten oder schlimmen Gebrauch man sein ganzes Leben nachempfindet.*

In den Briefen, die Goethe während der ersten sechs Monate seines Aufenthalts in Straßburg schrieb, bleibt die Liebe als persönliche Erfahrung außen vor – sie wird lediglich in abstrakter, zuweilen gar abwehrender Form erwähnt. Diese Abstinenz ändert sich im Oktober 1770 blitzartig – wie ein *coup de foudre* bricht die Liebe über ihn hinein.

Dieser Stimmungswechsel kündigt sich in seinen Zeilen vom 14. Oktober an Katharina Fabricius an. Ein lange nicht mehr von ihm zu vernehmender Ton klingt an – wie immer in eine wunderbar passende Metapher transponiert. *Mein jetziges Leben ist vollkommen wie eine Schlittenfahrt: prächtig und klingelnd, aber ebensowenig fürs Herz, als es für Augen und Ohren viel ist.* Dass er sich bei der Adressatin nach langer Zeit des Schweigens wieder meldet, erklärt er mit seiner Gemütslage:

> *Wenn man sich ganz fühlt und still ist und die reinen Freuden der Liebe und Freundschaft genießt, dann ist durch eine besondere Sympathie jede unterbrochne Freundschaft, jede halbverschiedne Zärtlichkeit wieder auf einmal lebendig. Und Sie, meine liebe Freundin, die ich unter vielen vorzüglich so nennen kann, nehmen Sie diesen Brief als ein neues Zeugnis, dass ich Sie nie vergessen werde.*

Den Grund für seine gefühlsbetonte Seelenlage deutet er an:

> *Ich habe einige Tage auf dem Lande bei gar angenehmen Leuten zugebracht. Die Gesellschaft der liebenswürdigen Töchter vom Hause, die schöne Gegend und der freundlichste Himmel weckten in meinem Herzen jede schlafende Empfindung, jede*

Erinnerung an alles, was ich liebe; dass ich kaum angelangt bin, als ich schon hier sitze und an Sie schreibe.

Ça y est: »Die angenehmen Leute« sind die Familienmitglieder des Pfarrers Johann Jakob Brion, »die schöne Gegend« das Dorf Sesenheim, »die liebenswürdigen Töchter vom Hause« die drei Schwestern Maria, Sophie – und Friederike: Sie ist es, die Goethes Gefühlsleben urplötzlich in Unordnung bringt. Ihr schreibt er am nächsten Tag, am 15. Oktober, einen langen Liebesbrief, den er allerdings nie abgeschickt hat – den einzigen an Friederike, der erhalten geblieben ist. Andererseits sind keine Briefe von Friederike an Goethe erhalten.

Seinen Brief vom 15. Oktober verfasste Goethe in Straßburg nach der Rückkehr von seinem ersten Besuch der Familie Brion in Sesenheim. Er zeigt deutlich, wie aufgewühlt Goethe von der Begegnung mit Friederike ist. Zwei Anfänge sind erhalten; eine erste Fassung hat der Verliebte verworfen. Wie in einem Palimpsest können wir zurückverfolgen, welche Bemühungen um einen angemessenen Ausdruck seiner Gefühle der Schreiber unternahm. In seinem ersten Anlauf wählt er tollkühn die Direttissima:

Liebe neue Freundin,
ich zweifle nicht, Sie so zu nennen. Denn wenn ich mich anders nur ein klein wenig auf die Augen verstehe, so fand mein Aug' im ersten Blick die Hoffnung zu dieser Freundschaft in Ihrem, und für unsre Herzen wollt' ich schwören. Sie, zärtlich

und gut, wie ich Sie kenne – sollten Sie mir, da ich Sie so lieb habe, nicht wieder ein bisschen günstig sein?

Direkter kann ein erotischer Frontalangriff nicht sein. Goethe, der Spezialist für »Äuglein«, erkühnt sich, aus Friederikes Augen die gleiche Zuneigung abzulesen, wie er selbst sie zu erkennen gibt. Er behauptet, die soeben in sein Blickfeld Getretene gut zu kennen und als »zärtlich und gut« zu schätzen. Vor allem gesteht er ihr, dass er sie »liebhat«, und bittet daher um ein Wiedersehen.

Diesen ungestümen Anfang verwirft er und schreibt einen neuen Brief, der weniger persönlich ist und eher sachlich erzählenden Charakter hat. Zwar redet er sie in einer intensivierenden Geminatio, wie die Rhetoriker sagen, als »liebe liebe Freundin« an – vielleicht erschien ihm auch die ursprüngliche Anrede »liebe neue Freundin« von frivoler Doppeldeutigkeit. Auch spricht er von »einer gewissen innerlichen Unruhe, dass ich gerne bei Ihnen sein möge«, doch berichtet er vorwiegend von seiner Rückreise aus Sesenheim nach Straßburg.

Die Umstände unserer Rückreise können Sie sich ungefähr vorstellen, wenn Sie mir beim Abschiede ansehen konnten, wie leid er mir tat; und wenn Sie beobachteten, wie sehr Weyland nach Hause eilte, so gern er auch unter andern Umständen bei Ihnen geblieben wäre. Seine Gedanken gingen vorwärts, meine zurück, und so ist es natürlich, dass der Diskurs weder weitläufig noch interessant werden konnte.

Sachlicher geht es kaum, als der »neuen Freundin« über den »Diskurs« mit seinem Freund zu berichten. An die Stelle des Überschwangs ist der logische Gedankengang getreten. Und sein ganz persönliches Projekt, »Sie bald wiederzusehen«, bietet ihm Gelegenheit, ganz unpersönlich zu werden – in einer allgemeinen, sentenzenhaften, allerdings sehr treffenden Betrachtung über das Wiedersehen als solches:

> *Es ist ein gar zu herziges Ding um die Hoffnung, wiederzusehen. Und wir andern mit den verwöhnten Herzchen, wenn uns ein bisschen was leid tut, gleich sind wir mit der Arznei da und sagen: Liebes Herzchen, sei ruhig, du wirst nicht lange von ihnen entfernt bleiben – von den Leuten, die du liebst. Sei ruhig, liebes Herzchen! Und dann geben wir ihm inzwischen ein Schattenbild, dass es doch was hat – und dann ist es geschickt und still wie ein kleines Kind, dem die Mama eine Puppe statt des Apfels gibt, wovon es nicht essen sollte.*

Dieser Brief, der eigentlich ein Liebesbrief werden sollte, endet ganz förmlich mit »vielen aufrichtigen Empfehlungen Ihren teuern Eltern«. Bereits hier drängt sich der – in Goethes einschlägigen Gedichten und in *Dichtung und Wahrheit* stärker werdende – Verdacht auf, dass es ihm weniger um das erotische Ereignis geht als um willkommene Gelegenheit zu literarischer Äußerung: Liebe als Inspiration.

Kein weiterer Brief Goethes an Friederike Brion ist erhalten. Monate später erfahren wir wieder aus erster Hand Neues über die Sesenheimer Ereignisse.

Goethes Rötelzeichnung des Sesenheimer Pfarrhauses

Im Mai und Juni 1771 schreibt Goethe an seinen väterlichen Freund Salzmann fünf Briefe, die Auskunft über seine Beziehung zu Friederike Brion, mehr noch über seinen damaligen Gemütszustand geben. Leider sind die Originale nicht mehr erhalten: Sie sind beim Beschuss der Straßburger Stadtbibliothek 1870 verbrannt; wir müssen auf frühe Abschriften zurückgreifen. Überdies ist wohl ein weiterer Brief Goethes an Salzmann auf Bitten der Familie Brion vom damaligen Bibliothekar der Stadtbibliothek vernichtet worden. Von diesem erstaunlichen, ja ominösen Vorgang wird später noch die Rede sein.

In Goethes Briefen an Salzmann stürmt und drängt es.

Offenbar hat den jungen Studenten die »Liebeskrankheit« mit all ihren Symptomen erfasst: vor allem mit einer extremen Unruhe und fahrigen Unstetigkeit. Am 17. Mai berichtet er an Salzmann vor seinem nächsten Besuch bei der Familie Brion in einem hektischen Stil:

Die Augen fallen mir zu, es ist erst neun. Die liebe Ordnung! Gestern nachts geschwärmt, heute früh von Projekten aus dem Bette gepeitscht. O es sieht in meinem Kopfe aus wie in meiner Stube, ich kann nicht einmal ein Stückchen Papier finden als dieses blaue. … In meiner Seele ist's nicht ganz heiter; ich bin zu sehr wachend, als dass ich nicht fühlen sollte, dass ich nach Schatten greife. Und doch – morgen um 7 Uhr ist das Pferd gesattelt, und dann Adieu!

Diese Erregung kommt uns seltsam bekannt vor. Zur Zeit seiner Verliebtheit in Käthchen Schönkopf schrieb er an seinen damaligen Vertrauten Behrisch am 10. November 1767 in Leipzig – ähnlich posierend als von der Liebe gänzlich Verwirrter:

Mein armer Kopf dreht sich … Gute Nacht. Mein Gehirn ist in Unordnung. O wäre die Sonne wieder da! Unzufriedenheit! Ich weiß wahrlich nicht mehr, was ich schreibe.

Der nächste Brief an Salzmann, am 29. Mai 1771 in Sesenheim verfasst – ohnehin in seinem erotischen Gehalt durch hypochondrische Krankheitsbefunde verwässert –, führt den aufmerksamen Leser fast in Versuchung, die Sesenheimer Liaison als erotische Doublette zu sehen. In einem ungemein treffenden Vergleich schildert Goethe seine Hinundhergerissenheit als Verliebter:

> *Der Kopf steht mir wie eine Wetterfahne, wenn ein Gewitter heraufzieht und die Windstöße veränderlich sind.*

Ein sehr schöner Vergleich – eine Reminiszenz! Wiederum erinnert nämlich das Bild an seine Liebe zu Käthchen Schönkopf. Am 2. November 1767 hatte er an Behrisch geschrieben:

> *Eine Wetterfahne, die sich dreht, immer dreht, und seit einiger Zeit, da der Wind meist aus Norden kommt, sich weniger dreht, aber doch immer so, dass gerne die Welt aus der Jahrszeit hinaus sein möchte.*

Dieser Vergleich im Brief an Salzmann ist umso treffender, als er nicht nur allgemein das Wetterwendische im Verhalten des Verliebten bezeichnet, sondern seine Zweifel, ob er Friederike fair behandelt:

> *Die Kleine fährt fort, traurig krank zu sein, und das gibt dem Ganzen ein schiefes Ansehn. Nicht gerechnet conscia mens und leider nicht recti, die mit mir herumgeht.*

Auch das Zitat aus Vergils *Aeneis* (I, V. 604) deutet in diese Richtung: Aeneas, der in einer aussichtslosen Affäre Dido den Kopf verdreht hat, fragt sich, ob er dies mit seinem Gewissen vereinbaren kann – »Geist, der sich seiner Rechtschaffenheit bewusst ist«. Goethe erscheint hier sicher nicht frivol, sondern von Zweifeln geplagt. Doch was denkt er sich als Sühneopfer, als Trostpflaster aus? Er bittet seinen Freund Salzmann, zwei Pfund Süßigkeiten zu besorgen und ihm nach Sesenheim zu schicken. Die Begründung ist bemerkenswert: Dann würde man *süßere Mäuler* zu sehen bekommen als *Gesichter*. Eine Woche später bedankt er sich bei Salzmann für das *Zuckerdings*.

Und sehr bald gerät Goethes Gemüt wieder in heftige Wallungen. Am 12. Juni 1771 schreibt er an seinen Freund Salzmann den eindrucksvollsten seiner frühen Briefe – einen Musterbrief des Sturm und Drang: wüst, erratisch, egoman, stimmungsschwankend, religiös irrlichternd, naturgefühlig, männisch. Es lohnt sich, ihn vollständig zu zitieren:

> *Ich komme, oder nicht, oder – das alles werd' ich besser wissen, wenn's vorbei ist, als jetzt. Es regnet draußen und drinne, und die garstigen Winde von Abend rascheln in den Rebblättern vorm Fenster, und meine animula vagula ist wie's Wetterhähnchen drüben auf dem Kirchturm; dreh dich, dreh dich, das geht den ganzen Tag, obschon das bück dich! streck dich! eine Zeit her aus der Mode kommen ist. Punctum: Meines Wissens ist das das erste auf dieser Seite. Es ist schwer, gute Perioden und Punkte zu seiner Zeit zu machen. Die Mädchen machen weder Komma noch Punctum, und es ist kein Wunder, wenn ich Mädchen-Natur annehme.*

Doch lern' ich schön Griechisch. Denn dass Sie
es wissen: Ich habe in der Zeit, dass ich hier bin,
meine griechische Weisheit so vermehrt, dass
ich fast den Homer ohne Übersetzung lese.
Und dann bin ich 4 Wochen älter. Sie wissen, dass das viel
bei mir gesagt ist – nicht weil ich viel, sondern vieles tue.
Behüt' mir Gott meine lieben Eltern,
Behüt' mir Gott meine liebe Schwester,
Behüt' mir Gott meinen lieben Herrn Aktuarius
Und alle frommen Herzen
Amen.

Herrlich, wie Goethe in einem einzigen Satz die Natur mit seiner Gemütslage ins Korrelat bringt – und wie er das von ihm obsessiv verwendete Motiv der Wetterfahne dynamisierend variiert! Es folgen ein kleiner Seitenhieb auf »die Mädchen«, eine Erfolgsmeldung über seine Griechischkenntnisse – und völlig überraschend ein religiöser »Ausrutscher«: eine Fürbitte für seine Liebsten. Und Friederike? Sie fehlt in diesem *abenteuerlichen Ragout*, wie er im letzten Brief, den er aus Sesenheim an Salzmann schreibt, gesteht.

Der letzte Brief, den Goethe während seines Aufenthalts in Straßburg und Sesenheim verfasst, geht an seinen Leipziger Freund Langer. Er schreibt ihm am 8. August 1771, dass er *nun endlich mit dem Promotionswesen zu Ende* ist und am nächsten Tag aus Straßburg abreist. Er zieht ein Fazit seines mehr als einjährigen Aufenthalts, das man in Bezug auf Friederike bemerkenswert abgeklärt nennen kann:

Der Aufenthalt hier war mir sehr angenehm, und Nutzen hab' ich auch davon mehr als man glaubt.

In der Tat verlässt Goethe Straßburg am 9. August 1771 als frischgebackener Lizenziat beider Rechte (nicht als Doctor juris, wie er später meist angeredet wurde). Seine Dissertation *De legatoribus,* deren Text verschollen ist, war von der Fakultät abgelehnt worden. Sie erschien den Professoren, die auf die in Straßburg vorherrschende politische und theologische Orthodoxie Rücksicht nehmen mussten, offenbar zu aufmüpfig: Dass *der Gesetzgeber ... verpflichtet sei, einen bestimmten Kultus festzusetzen, von welchem weder die Geistlichkeit noch die Laien sich lossagen dürften* (so erinnert sich Goethe in *Dichtung und Wahrheit* an seine Hauptthese), fand nicht allgemeine Zustimmung.

Noch ein Jahr später erregt sich der Theologieprofessor Elias Stöber in einem Schreiben vom 4. Juli 1772 an den Hofrat Ring:

> *Herr Goethe hat eine Rolle hier gespielt, die ihn als einen überwitzigen Halbgelehrten und als einen wahnsinnigen Religions-Verächter ... ziemlich bekannt gemacht hat. Er muss ... in seinem Obergebäude einen Sparren zu viel oder zu wenig haben.*

Der erboste Theologe setzt einen Monat später noch einmal nach und gibt ein vernichtendes Urteil über Goethes Dissertation ab:

Sie dürfte wohl bei keiner guten Polizei zum Druck erlaubt oder gelassen werden, wiewohl der Herr Autor damit gedroht.

Der Verdacht der Straßburger Theologen war nicht unbegründet: »Ich bin kein Widerchrist, kein Unchrist, aber dezidierter Nichtchrist«, schreibt Goethe später an Lavater.

Der amtierende Dekan der Juristischen Fakultät empfahl daher aus Opportunitätsgründen dem Kandidaten Goethe, statt des Doktorats das, wie dieser selbst wusste, fast gleichwertige Lizenziat anzustreben. Dies tat er erfolgreich in der Form einer öffentlichen Disputation, die nach seinem späteren Bekunden aufgrund der Teilnahme seiner Tischgenossen sehr »lustig« verlief. Er verteidigte 56 Thesen, darunter einige heute brisante wie Nr. 53, *Poenae capitales non abrogandae* (Die Todesstrafe ist nicht abzuschaffen), oder Nr. 43, *Omnis legislatio ad Principem pertinet* (Alle Gesetzgebung steht dem Fürsten zu) – nicht gerade umstürzlerische Positionen. Zur Erheiterung trug sicher auch die These Nr. 41 bei: *Studium juris longe praestantissimum est* (Das Studium der Rechtswissenschaft ist das bei weitem vortrefflichste) – angesichts Goethes Abneigung gegen dieses Studienfach eine deutliche Ironie.

Nach seiner Abreise aus Straßburg schreibt er noch einige Briefe an Salzmann, in denen er – ähnlich wie in dem erwähnten Schreiben an Langer – seine Beziehung zu Friederike in distanzierter, zum Teil herablassender oder gar sarkastischer Form erwähnt. So bittet er Salzmann im Oktober 1771, *der guten Friederike* einige Kupferstiche zu schicken – *mit oder ohne ein Zettelchen, wie Sie wollen.* Und zwei Jahre später schreibt er mit garstiger Ironie, auf die Ermordung Weislingens im *Götz von Berlichingen* anspielend:

> *Wenn Sie das Exemplar Berlichingen noch haben, so schicken Sie's nach Sessenheim (!) unter Aufschrift an »Mademoiselle«, ohne Vornamen. Die arme Friedericke wird einigermaßen sich getröstet finden, wenn der Untreue vergiftet wird.*

Einmal noch, nach acht Jahren, hat Goethe Friederike wiedergesehen. Zuvor hatte er während seiner ersten Schweizreise (14. Mai bis 22. Juli 1775) zweimal Straßburg besucht, doch keine Lust verspürt, *die Kleine* in Sesenheim wiederzusehen: In Offenbach wartete ja seine damalige Verlobte auf ihn, die sechzehnjährige Lili Schönemann; von ihr trug er auf dieser Reise ein Bildmedaillon und ein goldenes Herzchen mit sich:

> *Ein goldnes Herzchen, das ich in schönsten Stunden von ihr erhalten hatte, hing noch an demselben Bändchen, an welchem sie es umknüpfte, lieberwärmt an meinem Halse.*

Nicht mit Friederike in Sesenheim, sondern mit Salzmann und Lenz in Straßburg trifft er sich am 23. Mai 1775 – mit Lenz nochmals auf der Rückreise am 12. Juli 1775.

Auf seiner zweiten Reise in die Schweiz (12. September 1779 bis 14. Januar 1780) stattet er der Familie Brion am 25. September 1779 dann doch einen Besuch ab, am nächsten

Tag sucht er – eine gewisse erotische Chronologie beachtend – in Straßburg seine ehemalige Verlobte Lili auf, die inzwischen mit dem Bankier Bernhard von Türckheim verheiratet ist.

Über seinen Besuch in Sesenheim berichtet er Charlotte von Stein. Mit der zeitlichen Distanz hat sich hier seine Perspektive verändert. Er äußert sich selbstkritisch zu seinem damaligen Verhalten und freut sich, dass er von der Familie Brion *gar freundlich und gut aufgenommen* wurde. In beträchtlicher Selbststilisierung ist Goethe nun die Ruhe selbst:

> *Da ich jetzt so rein und still bin wie die Luft, so ist mir der Atem guter und stiller Menschen sehr willkommen. Die zweite Tochter vom Hause hatte mich ehmals geliebt: schöner als ich's verdiente, und mehr als andre, an die ich viel Leidenschaft und Treue verwendet habe. Ich musste sie in einem Augenblick verlassen, wo es ihr fast das Leben kostete; sie ging leise darüber weg …*

Die Erinnerungen an die Orte der früheren Begegnungen sind abgeklärt, gefiltert. *Sie führte mich in jede Laube, und da musst' ich sitzen, und so war's gut.* Und selbst der *schönste Vollmond* ruft bei ihm keine Emotionen oder gar erotische Gefühle hervor – *ich erkundigte mich nach allem.* Selbstzufrieden resümiert er:

> *Ich blieb die Nacht und schied den andern Morgen bei Sonnen-*

aufgang, von freundlichen Gesichtern verabschiedet, dass ich nun auch wieder mit Zufriedenheit an das Eckchen der Welt hindenken und in Friede mit den Geistern dieser Ausgesöhnten in mir leben kann.

Sesenheim als »Eckchen der Welt« – aus der Vogelperspektive. Der Empfang wäre sicher nicht so freundlich ausgefallen, wenn die »Ausgesöhnten« geahnt hätten, wie Goethe viele Jahre später seine Beziehung zu Friederike bewertet. In einer Unterhaltung mit seinem langjährigen Weimarer Gesprächspartner Frédéric Soret am 5. März 1830 bemerkt der sinnierende Greis über die von ihm geliebte Lili Schönemann, mit der er ein halbes Jahr verlobt war:

Ich sehe die reizende Lili wieder in aller Lebendigkeit vor mir, und es ist mir, als fühle ich wieder den Hauch ihrer beglükkenden Nähe. Sie war in der Tat die erste, die ich tief und aufrichtig liebte. Ich bin meinem eigentlichen Glücke nie so nahe gewesen als in der Zeit jener Liebe zu Lili.

Für seine Beziehung zu Friederike Brion bleibt da nicht viel übrig. Eine Liebelei. In Liebesdingen war Goethe ein unsicherer Kandidat – doch diese waren ihm lebenslang von zentraler Bedeutung: »Liebe« findet sich 2500 Mal in seinen Texten, »lieben« 2300 Mal!

DICHTUNG UND WAHRHEIT: DIE ERFINDUNG DER SESENHEIMER IDYLLE

In Buch 9 bis 11 von *Dichtung und Wahrheit,* 1812 und 1813 verfasst, erinnert sich Goethe an seine Straßburger und Sesenheimer Erlebnisse. Vierzig Jahre später will – und kann – er keine autobiographische Genauigkeit bieten, sondern dichterische Wahrheit, Reflexion und eine Abgeklärtheit, die sich durch die Weisheit des Alters einstellt.

Diese Filterung und Transformation der historischen Begebenheiten werden bei der Darstellung von Goethes Liebesbeziehung zu Friederike Brion besonders deutlich. Gerade hier weicht die schlichte historische Wahrheit der höheren – der dichterischen. Die Einzelheiten seiner Sesenheimer Erlebnisse stellt er zu einer autonomen, in sich abgeschlossenen, eigentlich novellistischen Erzählung zusammen.

Er verwandelt die seinerzeit beteiligten Personen in Figuren eines literarischen Schachspiels, in dem ausschließlich er selbst die Züge macht. Mehr noch: Diese Figuren werden nicht nur seiner spielerischen Strategie unterworfen, sondern verlieren auch ihre ursprüngliche Identität, zum Teil sogar ihre Namen: Johann Jakob Brion, Friederikes Vater, wird zu Dr. Primrose; Maria Brion, Friederikes ältere Schwester, zu Olivie und Christian, deren Bruder, zu Moses. Die Anwesenheit Sophies, der jüngsten Schwester Friederikes, wird von Goethe unterschlagen, um den absoluten Gleichklang mit der Familie Primrose herzustellen, zu der ja lediglich zwei erwachsene Töchter gehörten – nicht drei! So werden die Mitglieder der Familie Brion zu Protagonisten in einem englischen Roman – dem *Vicar of Wakefield* (*Pfarrer von Wakefield*) von Oliver Goldsmith. Sesenheim wird zu Wakefield – oder auch umgekehrt, der Elsässer Landpfarrer Brion zum englischen Dr. Primrose. Diese erstaunliche Metamorphose kam so zustande.

Ein Zufall – ein Glücksfall. Da kommt der Philosoph und Theologe Johann Gottfried Herder im September 1770 nach Straßburg, um sein Augenleiden von dem berühmten Chirurgen Dr. Lobstein operieren zu lassen, und trifft zufällig Goethe im Gasthaus *Zum Geist*. In Herders Handgepäck die Weltliteratur: Homer, Pindar, altgermanische Dichtung, Shakespeare, Ossian, deutsche Volkslieder – und auch Goldsmith' *Der Pfarrer von Wakefield*.

Herder liest im Kreis der Straßburger Tischgesellschaft im November 1770 Goldsmith' Roman vor. Dieser war 1766 erstmals im englischen Original erschienen, wurde rasch erfolgreich und schon im folgenden Jahr von Johann Gottfried Gellius ins Deutsche übersetzt. Er avancierte bald – neben Defoes *Robinson Crusoe* – zum beliebtesten englischen Roman im deutschen Sprachraum.

Der Landpfarrer von Wakefield im Kreis seiner Familie (Filmszene)

Herder war von ihm begeistert. An seine Braut schrieb er am 23. Januar 1771:

> *Haben Sie den Landpriester von Wakefield gelesen? Ich lese ihn wohl jetzt zum vierten Male. Er ist eines der schönsten Bücher, die in irgendeiner Sprache existieren. Es ist von der Seite der Laune, der Charaktere, des Lehrreichen und Rührenden ein rechtes Buch der Menschheit.*

Auch Goethe war sogleich enthusiasmiert – der Beginn einer wunderbaren literarischen Freundschaft. Immer wieder kommt Goethe auf Goldsmith' Roman zu sprechen – in *Dichtung und Wahrheit,* in den *Leiden des jungen Werthers,* in seinen Gesprächen mit Eckermann, in seinem Tagebuch und so weiter und so fort. In den *Leiden des jungen Werthers* ist der Roman Lottes Lieblingsbuch:

> *Und der Autor ist mir der liebste, in dem ich meine Welt wiederfinde, bei dem's zugeht wie um mich und dessen Geschichte mir doch so interessant und herzlich wird als mein eigen häuslich Leben, das freilich kein Paradies, aber doch im ganzen eine Quelle unsäglicher Glückseligkeit ist.*

Offenbar zur Vorbereitung seines Berichts in *Dichtung und Wahrheit* leiht Goethe sich das in der Großherzoglichen Bibliothek in Weimar vorhandene englische Original am 18. April 1811 aus.

Warum diese Begeisterung? Goethe, der ja nicht nur genialer Dichter war, sondern auch exzellenter Interpret von Kunst und Literatur, gibt in *Dichtung und Wahrheit* selbst die Antwort. Die Kernsätze, zum Teil wörtlich aus Goldsmith' Roman entlehnt, lauten:

> *Ein protestantischer Landgeistlicher ist vielleicht der schönste Gegenstand einer modernen Idylle ... Er ist Vater, Hausherr, Landmann und so vollkommen ein Glied der Gemeine.*

Gemeint ist damit die unschuldige Lebensart einer in ländlicher Begrenztheit sich bescheidenden Familie. Der »treffliche Wakefield« ist ein Vorbild an christlicher Standhaftigkeit und gläubigem Gottvertrauen. Hinzu kommen jene Charaktereigenschaften, die im England des 18. Jahrhunderts unter dem Begriff der »benevolence« zusammengefasst wurden: *Gutmütigkeit, Versöhnlichkeit, und über dies alles eine heitere Nachgiebigkeit und lächelnde Duldung eigner und fremder Fehler.*

Dieses Loblied auf den »protestantischen Landgeistlichen« wird durch eine pathetische Hymne gekrönt, die – wie öfter bei Goethe – als eindrucksvoller, beispielhafter Schachtelsatz formuliert ist und daher hier ungekürzt zitiert wird:

> *Denke man sich einen solchen Mann, mit rein menschlichen Gesinnungen, stark genug, um unter keinen Umständen davon zu weichen, und schon dadurch über die Menge erhaben, von der man Reinheit und Festigkeit nicht erwarten kann; gebe man ihm die zu seinem Amte nötigen Kenntnisse, so wie eine heitere, gleiche Tätigkeit, welche sogar leidenschaftlich ist, indem sie keinen Augenblick versäumt, das Gute zu wirken – und man wird ihn wohl ausgestattet haben.*

Als Goethe im Oktober 1770 zum ersten Mal die Familie Brion in Sesenheim besucht, kennt er den später so gerühmten und einflussreichen Roman von Goldsmith noch nicht – er wird erst, wie gesagt, einen Monat später von Herder mit ihm bekannt gemacht. Sogleich erkennt Goethe die erstaunliche, zufällige Parallelität zwischen Erlebtem und Gehörtem. *Keineswegs aber hätte ich erwartet, alsobald aus der fingierten Welt in eine ähnliche wirkliche versetzt zu werden.*

Er ist nun geradezu besessen von der Idee, Parallelen zwischen Sesenheim und Wakefield in seine Erzählung einzuarbeiten. Dass unter dieser fiktionalen Konzeption die Genauigkeit des autobiographisch Erinnerten leidet, ist offenkundig. Immer wieder tauchen Dr. Primrose und seine Familie in Goethes Text auf – schon bei dessen erstem Besuch in Sesenheim: *Meine Verwunderung war über allen Ausdruck, mich so ganz leibhaftig in der Wakefieldschen Familie zu finden.* Von der *Ähnlichkeit der Primrosischen Familie* ist die Rede. Goethe widersteht der Versuchung, der wenig belesenen Friederike Goldsmith' Roman als Lektüre zu empfehlen: *Die Ähnlichkeit der Zustände war zu auffallend und zu bedeutend.*

Arg dick aufgetragen und fast plump wirkt dann die Szene, in der Goethe aus dem Roman vorliest und die Reaktion der Familie Brion beschreibt:

> *Sie erblickten sich hier selbst in einem Spiegel, der keineswegs verhässlichte. Man gestand sich's nicht ausdrücklich, aber man verleugnete es nicht, dass man sich unter Geistes- und Gefühlsverwandten bewege.*

Doch nun zu unserer Hauptperson: Friederike. Mit großem erzählerischen Geschick bereitet Goethe, Spannung schaffend, deren ersten Auftritt vor – in der Tat wie in einem Lustspiel. Goethes Kommilitone und Freund Friedrich Leopold Weyland hatte vorgeschlagen, neben anderen Bekannten und Verwandten in der Umgebung Straßburgs auch einen Landgeistlichen zu besuchen, *der nahe bei Drusenheim, sechs Stunden von Straßburg, im Besitz einer guten Pfarre mit einer verständigen Frau und ein Paar liebenswürdigen Töchtern lebe.*

Gesagt, getan. Mitte Oktober 1770, zwischen dem 10. und 14. des Monats, reiten die beiden nach Sesenheim. *Alles war still und leer, wie im Dorfe so im Hofe.* Dort treffen sie zuerst allein auf den Vater – *denn die Familie war auf dem Felde.*

Nach einiger Zeit tritt die Mutter ein. *Die älteste Tochter kam darauf lebhaft hereingestürmt; sie fragte nach Friedricken, so wie die andern beiden auch nach ihr gefragt hatten. Der Vater versicherte, sie nicht gesehen zu haben … Die Tochter fuhr wieder zur Türe hinaus, um die Schwester zu suchen.* Man unterhält sich – die Mutter bringt einige Erfrischungen. Die Spannung steigt. Die ältere Schwester hat Friederike nicht gefunden. *Man war besorgt um sie und schalt auf diese oder jene böse Gewohnheit, nur der Vater sagte ganz ruhig: Lasst sie immer gehen, sie kommt schon wieder!*

Und nun kommt der bühnenreife Auftritt – von Goethe überaus geschickt konstruiert und mit einer ausführlichen Schönheitsbeschreibung und hyperbolischen Übertreibungen angereichert, wie man sie bereits aus Dichtungen des Mittelalters kennt und in der es von verniedlichenden Diminutiven wimmelt:

> *In diesem Augenblick trat sie wirklich in die Türe; und da ging fürwahr an diesem ländlichen Himmel ein allerliebster Stern auf.*

Friederike ist blond, hat blaue Augen und verfügt über

- *die nettsten Füßchen*
- *ein kurzes weißes rundes Röckchen*
- *ein niedliches Köpfchen*
- *ein artiges Stumpfnäschen*

Ganz in der Tradition alter Beschreibungen weiblicher Schönheit werden von Goethe dann auch ihre charakterlichen Vorzüge gerühmt. Sie ist *wohltätig* und von *unverwüstlicher Heiterkeit*. Dieser zweite Teil der *descriptio pulchritudinis* wird zu einer überschwänglichen Apotheose: *Auf Spaziergängen schwebte sie, ein belebender Geist, hin und wider.* Dass solch ein überirdisches Wesen im Unterschied zu normalen Sterblichen nicht geht, sondern schreitet, ja einem Reh ähnelt, das *leicht über die keimenden Saaten wegfliegt*, versteht sich von selbst. Lediglich mit der Belesenheit Friederikes hapert es: *Sie hatte überhaupt wenig gelesen; sie war in einem heitern sittlichen Lebensgenuss aufgewachsen und dem gemäß gebildet.*

Im Klartext: Friederike war ziemlich ungebildet. Ein wenig naiv bekennt sie: *Ich lese sehr gern Romane; man findet darin so hübsche Leute, denen man wohl ähnlich sehen möchte.*

Um ihre Belesenheit zu verbessern, schickt Goethe ihr später einige Bücher mit *einem kurzen freundlichen Wort*. Für diese Büchersendung bedankt sich Friederike – der edle Spender freut sich über ihre *leichte, hübsche, herzliche Hand. Ebenso war Inhalt und Stil natürlich, gut, liebevoll, von innen heraus.*

Diese ziemlich arrogante Darstellung einer einigermaßen unbedarften Friederike erinnert an die fast identische, die er von seiner geliebten Leipziger Freundin Käthchen Schönkopf gab. In einem Brief an seine Schwester Cornelia vom 12. Oktober 1767 hatte er geschrieben:

> *Sie ist ein recht gutes Mädchen, das ich sehr liebe. Sie hat die Hauptqualität, dass sie ein gutes Herz hat, das durch keine allzu große Lektüre verwirrt ist.*

Beim weiteren Lesen der einschlägigen Passagen in *Dichtung und Wahrheit* drängt sich immer mehr der Eindruck auf, dass Friederike in erster Linie nicht erotisches Ziel Goethes ist, sondern ihm Gelegenheit zu multiperspektivischer Darstellung bietet – im literarischen Bezug auf Goldsmith' Roman, aber auch im künstlerischen Bereich. Mit dem Blick des Künstlers versetzt er sein Modell in die ihm am günstigsten erscheinende Pose und Umgebung:

> *Es gibt Frauenspersonen, die uns im Zimmer besonders wohl gefallen, andere, die sich besser im Freien ausnehmen; Friederike gehörte zu den letztern. Ihr Wesen, ihre Gestalt trat niemals reizender hervor, als wenn sie sich auf einem erhöhten Fußpfad hinbewegte.*

Das Auge des Zeichners, der Goethe ja auch war, sieht Friederike und ihre Schwester *auf einem Hintergrunde von schwankenden Baumzweigen, beweglichen Bächen, nickenden Blumenwiesen und einem meilenweit freien Horizonte.*

Bewegung kommt in Goethes Erzählung durch die Schilderung ländlicher Feste, zu denen die gesellige Familie Brion einlud und bei denen Goethe Friederike traf. *Ich genoss an der Seite des lieben Mädchens der herrlichen Sonntagsfrühe auf dem Lande, wie sie uns der unschätzbare Hebel vergegenwärtigt hat* – eine Anspielung auf Johann Peter Hebels bekanntes Gedicht *Sonntagsfrühe.*

Eine ländliche Idylle: Man traf sich am Sonntagmorgen zum Frühstück, tanzte, vergnügte sich mit Pfänderspielen, die bereits in Goldsmith' Roman eine Rolle spielen. Goethe beschreibt sie etwas umständlich und nicht frei von Ironie:

> *Jene, mehr oder minder geistreichen, sogenannten Spiele, durch welche ein munterer jugendlicher Kreis gesammelt und vereinigt wird, sind großenteils auf Pfänder gegründet, bei deren Einforderung die Küsse keinen unbedeutenden Lösewert haben.*

Zum ländlichen Fest gehört bis heute der Kirchgang. Ganz gesittet ging Goethe mit den anderen zur Kirche, wo er, an Friederikes Seite, *eine etwas trockene Predigt des Vaters nicht zu lang fand. Zeitverkürzend ist immer die Nähe der Geliebten.*

Einige Zeit später lädt die Familie des Landpfarrers erneut ein. Und jetzt erinnert sich Goethe etwas deutlicher an die üppigen ländlichen Genüsse – mit einer Ironie, die auch Goldsmith' ganzen Roman, sein großes Vorbild, durchzieht:

Die Gesellschaft bestand aus jungen, ziemlich lärmenden Freunden, die ein alter Herr noch zu überbieten trachtete und noch wunderlicheres Zeug angab als sie ausübten. Man hatte schon beim Frühstück den Wein nicht gespart; bei einem sehr wohl besetzten Mittagstische ließ man sich's an keinem Genuss ermangeln, und allen schmeckte es, nach der angreifenden Leibesübung bei ziemlicher Wärme, um so besser.

Wesentlichen Bestandteil dieser Feste bildeten Tänze, an denen unser junges Paar lebhaft teilnahm: *Friedrike war sehr erfreut, an mir einen geübten Partner zu finden.* Vor allem die Allemande war beliebt: *Die Allemanden, das Walzen und Drehen war Anfang, Mittel und Ende. Alle waren zu diesem Nationaltanz aufgewachsen.*

Mit diesem Wort »Allemande« (wörtlich: »Deutscher Tanz«) meint Goethe sicher das Volkstümliche und die lebendige Tradition. Doch klingt hier an, was er an anderen Stellen deutlicher macht und ausführlich darstellt: die jugendlich ungestüme Distanzierung von allem Französischen und die Bevorzugung des Deutschen.

Ob man dies nun hören und lesen will oder nicht: Goethe beschreibt Friederike bei ihrem erwähnten Auftritt als deutsches Mädchen – *Beide Töchter trugen sich noch deutsch, wie man es zu benennen pflegte, und diese fast verdrängte Nationaltracht kleidete Friedricken besonders gut.* Und dass sie *gewaltige blonde Zöpfe* und *heitere blaue Augen hat,* wurde bereits erwähnt. Übrigens ist kein authentisches Porträt Friederikes erhalten.

Die Abneigung der jungen Studenten gegen Französisches betraf alle möglichen Bereiche: Sprache, Politik und Literatur. An Salzmanns Mittagstisch wurde *nichts wie Deutsch gesprochen.* Und der Aktuarius *war unstreitig dem Streben und der Tat nach ein vollkommener Deutscher; Lersen hätte man als Muster eines deutschen Jünglings aufstellen können* … Nach seitenlangen Exkursen, die natürlich dem Fortgang der Erzählung schaden, fasst Goethe diese damaligen Aversionen der jungen Leute in einem vernichtenden Urteil zusammen – einem Manifest des Sturm und Drangs *en miniature:*

> *So waren wir denn an der Grenze von Frankreich alles französischen Wesens auf einmal bar und ledig. Ihre Lebensweise fanden wir zu bestimmt und zu vornehm, ihre Dichtung kalt, ihre Kritik vernichtend, ihre Philosophie abstrus und doch unzulänglich, so dass wir auf dem Punkte standen, uns der rohen Natur wenigstens versuchsweise hinzugeben, wenn uns nicht ein anderer Einfluss … zu höheren, freieren und eben so wahren als dichterischen Weltansichten … immer offenbarer und gewaltiger beherrscht hätte. Ich brauche kaum zu sagen, dass hier Shakespeare gemeint sei.*

An anderer Stelle sagt Goethe dies noch knapper und grundsätzlicher:

> *Schon früher und wiederholt auf die Natur gewiesen, wollten wir daher nichts gelten lassen als Wahrheit und Aufrichtigkeit des Gefühls, und den raschen derben Ausdruck desselben.*

Jenseits solcher gewichtigen Probleme ist Goethe *grenzenlos glücklich an Friedrikens Seite.* Er ist, mit dem üblichen Selbstbewusstsein formuliert, *gesprächig, lustig, geistreich (!), vorlaut.* Vor, nach und bei den munteren lärmenden Festen genießt unser junges Paar die Zweisamkeit. Beim Schein des Mondes *zogen wir durch die weiten Fluren, mehr den Himmel über uns zum Gegenstande habend, als die Erde, die sich neben uns in der Breite verlor. Friedrickens Reden jedoch hatten nichts Mondscheinhaftes; durch die Klarheit, womit sie sprach, machte sie die Nacht zum Tage.* Sie unternehmen *einen einsamen Spaziergang Hand in Hand,* umarmen sich und versichern sich, dass sie sich *von Grund aus liebten.*

Mehrmals besucht Goethe Friederike, einmal hält er sich einige Wochen in Sesenheim auf – und anscheinend bleibt er stets, soweit sich dies überhaupt sicher feststellen lässt, der keusche Liebhaber, der sich mit Küssen, Umarmungen und Liebesschwüren begnügt. Daher lässt die Familie beide gewähren:

> *Man glaubte, sowohl auf Friedrikens Gesinnungen als auch auf meine Rechtlichkeit, für die man, wegen jenes wunderlichen Enthaltens selbst von unschuldigen Liebkosungen, ein günstiges Vorurteil gefasst hatte, vertrauen zu können. Man ließ uns unbeobachtet.*

Immer wieder lässt Goethe erkennen, dass ihm die Schönheit der Landschaft und deren stimulierende Wirkung auf seine Kreativität mindestens so viel wert sind wie seine Verliebtheit. Wir profitieren davon: Dieser Neigung verdanken wir einige der eindrucksvollsten Passagen in *Dichtung und Wahrheit*, wo die erotische Situation lediglich Anlass bietet, mit den Augen eines Malers die Herrlichkeit der Natur zu beschreiben. Hier die vielleicht schönste solcher Hymnen auf die Natur:

> *Ernsthafter jedoch und herzerhebender war der Genuss der Tags- und Jahreszeiten in diesem herrlichen Lande. Man durfte sich nur der Gegenwart hingeben, um diese Klarheit des reinen Himmels, diesen Glanz der reichen Erde, diese lauen Abende, diese warmen Nächte an der Seite der Geliebten oder in ihrer Nähe zu genießen. Monate beglückten uns reine ätherische Morgen, wo der Himmel sich in seiner ganzen Pracht wies, indem er die Erde mit überflüssigem Tau getränkt hatte; und damit dieses Schauspiel nicht zu einfach werde, türmten sich oft Wolken über die entfernten Berge, bald in dieser, bald in jener Gegend. Sie standen Tage, ja Wochen lang, ohne den reinen Himmel zu trüben, und selbst die vorübergehenden Gewitter erquickten das Land und verherrlichten das Grün, das schon wieder im Sonnenschein glänzte, ehe es noch abtrocknen konnte. Der doppelte Regenbogen, zweifarbige Säume eines dunkelgrauen, beinah schwarzen himmlischen Bandstreifens waren herrlicher, farbiger, entschiedener, aber auch flüchtiger als ich sie irgend beobachtet. Unter diesen Umgebungen trat unversehens die Lust zu dichten, die ich lange nicht gefühlt hatte, wieder hervor.*

Nicht ein Verliebter spricht hier, sondern der ausgewiesene Experte für Wolken – der Autor von *Wolkengestalt nach Howard* – und der Dichter, der das Wiedererwachen seiner Kreativität spürt.

Jenseits solcher meteorologischen und poetologischen Perspektiven, die der alte Goethe seinem Bericht überstülpt, unternahm das junge Paar tatsächlich einige *Lustpartieen* – zum bloßen Vergnügen. An *einer der schönsten* dürfen wir teilnehmen – der witzigsten Beschreibung einer Grillparty, die ich kenne:

> *Die Rheininseln waren denn auch öfters ein Ziel unserer Wasserfahrten. Dort brachten wir ohne Barmherzigkeit die kühlen Bewohner des klaren Rheines in den Kessel, auf den Rost, in das siedende Fett, und hätten uns hier, in den traulichen Fischerhütten, angesiedelt, hätten uns nicht die entsetzlichen Rheinschnaken nach einigen Stunden wieder weggetrieben.*

Doch ungeachtet des häufigen Zusammenseins, der zahlreichen gemeinsamen Ausflüge und der Liebesschwüre kündigt sich nach einigen Monaten das Ende des Liebesverhältnisses an: Sie tanzten nur einen Sommer. Wie bei fast allen Beziehungen zu Frauen beschlich Goethe nach relativ kurzer Zeit die Angst vor einer festen Bindung – hießen die Frauen nun Käthchen Schönkopf, Charlotte Buff, Lili Schönemann – oder Friedrike Brion:

> *Solchen Zerstreuungen und Heiterkeiten gab ich mich um*

so lieber und zwar bis zur Trunkenheit hin, als mich mein leidenschaftliches Verhältnis zu Friedriken nunmehr zu ängstigen anfing.

In der Rückschau verkleinert der alte Goethe diese Liebesbeziehung zu einer juvenilen Zufälligkeit, die sogar Verderben bringt. Wie so oft ist er auch hier mehr daran interessiert, einen – zugegebenermaßen treffenden – Vergleich sprachlich zu elaborieren, als den Leser von der Echtheit seines Gefühls zu überzeugen:

Eine solche jugendliche, aufs Geratewohl gehegte Neigung ist der nächtlich geworfenen Bombe zu vergleichen, die in einer sanften, glänzenden Linie aufsteigt, sich unter die Sterne mischt, ja einen Augenblick unter ihnen zu verweilen scheint, alsdann aber abwärts, zwar dieselbe Bahn, nur umgekehrt, bezeichnet, und zuletzt da, wo sie ihren Lauf geendet, Verderben hinbringt.

Goethe als erotischer Ballistiker! Die Metapher beschreibt präzise Goethes üblichen Dreischritt in seinem Liebesverhalten, den manche Exegeten bereits beobachtet haben, so etwa Theodor Reik:

Es ist dasselbe typische Erlebnis, das die Beziehungen des jungen Goethe zu Frauen bestimmt: eine heftige stürmische Verliebtheit, eine Periode der Qual und des Schwankens und schließlich die Flucht vor dem Liebesobjekt.

Nunmehr – in der Endphase der Beziehung Goethes zu Friederike – ersetzt ihm ein lebhafter Briefwechsel die Gegenwart Friederikes. *Die Abwesenheit machte mich frei, und meine ganze Zuneigung blühte erst recht auf durch die Unterhaltung in der Ferne.*

Jetzt wusste er *nichts Angenehmeres, als abwesend an sie zu denken* – eine für ihn bequeme Lösung, da *dringende Geschäfte* ihn kurz vor der Disputation voll in Anspruch nahmen. Diese absolviert er am 6. August, am nächsten oder übernächsten Tag verabschiedet er sich von Friederike – offenbar ohne starke emotionale Erregung, ohne Kuss oder Umarmung, im Wortsinn herablassend: *Als ich ihr die Hand noch vom Pferde reichte, standen ihr die Tränen in den Augen, und mir war sehr übel zumute.*

Durchaus passend: In dem bereits zitierten Brief an Langer vom 8. August 1771 – also dem Tag des Abschieds oder dem folgenden – sprach er kühl von seinem *angenehmen Aufenthalt* in Straßburg und dem *Nutzen*, den er hier hatte. Er fühlt sich befreit und ist heiterer Stimmung. *Ich fand mich, dem Taumel des Lebewohls endlich entflohn, auf einer friedlichen und erheiternden Reise so ziemlich wieder.* Er begibt sich nach Mannheim, *den Antikensaal zu sehn, von dem man viel Rühmens machte.*

Doch etwa ein Jahr später überkommt Goethe *düstere Reue* über diesen sang- und klanglosen Abschied, und er schreibt, wie er sich in *Dichtung und Wahrheit* erinnert, Friederike offenbar einen gefühlvollen Brief, der nicht erhalten ist. Jedenfalls ein anrührendes Bekenntnis seiner Schuld und Reue, verfasst in sicherer zeitlicher und räumlicher Entfernung – auch Olympier haben ein Recht auf Krokodilstränen:

> *Die Antwort Friedrikens auf einen schriftlichen Abschied zerriss mir das Herz. Es war dieselbe Hand, derselbe Sinn, dasselbe Gefühl, die sich zu mir, die sich an mir herangebildet hatten. Ich fühlte nun erst den Verlust, den sie erlitt, und sah keine Möglichkeit, ihn zu ersetzen, ja nur ihn zu lindern. Sie war mir ganz gegenwärtig; stets empfand ich, dass sie mir fehlte, und was das Schlimmste war, ich konnte mir mein eignes Unglück nicht verzeihen. Gretchen hatte man mir genommen, Annette mich verlassen, hier war ich zum ersten Mal schuldig; ich hatte das schönste Herz in seinem Tiefsten verwundet.*

•

Über die Gründe für die Trennung der beiden ist seit dem 19. Jahrhundert immer wieder spekuliert worden. Vernünftiges, Wahrscheinliches, Abenteuerliches und Absurdes wurde behauptet – es wurde psychologisiert und soziologisch spekuliert. Nur Weniges sei hier referiert.

Mit einigem Recht stellte man eine allgemeine Bindungsscheu Goethes fest. Der witzige Egon Friedell etwa überspitzte wie immer:

> *Er ließ überhaupt alle sitzen, bis auf zwei: Frau von Stein,*

weil sie schon einen Mann hatte, und Christiane, weil sie ihm ungefährlich war.

Es wurde auf die gravierenden sozialen Unterschiede der Elternhäuser verwiesen: Goethe aus einem großbürgerlichen, städtischen, wohlhabenden Haushalt stammend – Friederike aus einer bescheidenen Landpfarrerfamilie. Die Idylle, die Goethe als Spiegelung der Familie Primrose aus Wakefield sah, faszinierte den jungen Verehrer Friederikes zwar zunächst, konnte ihn jedoch nicht auf Dauer halten. Häufig wurde auch behauptet, Goethe habe Friederike als hinderlich für seine intellektuelle und dichterische Entwicklung gehalten, so etwa Bielschowsky: »Der Riese wollte kein Zwergenleben führen.«

Während man solche Erklärungsversuche einigermaßen ernst nehmen kann, gab es auch absurde. Der angesehene Psychoanalytiker Theodor Reik, ein Schüler und Freund Sigmund Freuds, stellte 1929 in der Zeitschrift *Imago* die Gretchenfrage: »Warum verließ Goethe Friederike?« Er wusste die Antwort: »unbewusste Kastrationsangst.«

Überzeugender ist sein Hinweis auf eine gewisse sadistische Komponente in Goethes Verhalten. Mit einem Zitat aus *Dichtung und Wahrheit* setzt er Goethes Verhältnis zu Friederike mit jenem zu Käthchen Schönkopf in Beziehung. In beiden Fällen glaubte der verliebte Jüngling, seine Launen

… an ihr auslassen zu dürfen, weil sie mich wirklich von Herzen liebte und, was sie nur immer konnte, mir zu Gefallen

tat … Sie ertrug es eine Zeitlang mit unglaublicher Geduld, die ich grausam genug war, aufs Äußerste zu treiben.

Völlig grotesk war Wilhelm Bodes Vermutung, Goethe habe sich bemüht, »von der Entwürdigung der Begattungshandlung frei zu bleiben«.

Vielleicht ist die Erklärung für Goethes Abbruch der Beziehungen zu Friederike ganz einfach und gut verständlich. Der 21-jährige ungestüme Jüngling hatte wohl kein Interesse, in der elsässischen Provinz eine feste Bindung einzugehen – mit einem jungen Ding, das bei allem Liebreiz zur Erweiterung seines Horizontes nicht beitragen konnte und wollte. Seine auf Friederike gemünzten Ausdrücke »kleine Welt« und »Naivität« in *Dichtung und Wahrheit* treffen ins Schwarze. Im völligen Gegensatz zu Goethes bereits damals erkennbarer Weltläufigkeit blieb Friederikes Welt stets auf die nächste Umgebung beschränkt.

Welche Gegensätze! Goethes Weltstreben: *Nach Italien, Langer! Nach Italien! Paris soll meine Schule sein, Rom meine Universität!*, hatte er seinem Freund Langer im April 1770 geschrieben. Dagegen Friederikes Niederrödern, Sesenheim, Drusenheim.

Wie dem auch sei: Entrüstet über Goethes Handlungsweise waren und sind die meisten, die sich dazu äußerten. Einzig Philipp Ferdinand Lucius, der langjährige Pfarrer von Sesenheim, äußerte vor über hundert Jahren noch ein gewisses Verständnis für den jungen Goethe:

Man erwartete zuviel von ihm … Und so blieb denn der Sieg endgültig auf Seite des Verstandes und des Egoismus.

Ein halbes Jahrhundert später kritisiert Stephan Ley »die wenig rühmliche Art, in der er von Friederike sich trennte«. In unserer Zeit fällt Nicholas Boyle, Autor einer hervorragenden Goethe-Biographie, ein vernichtendes Urteil, nennt Goethes Handlungsweise »Verrat« und verweist auf die verheerenden Folgen für Friederike:

Dass er Friederike verließ, beschädigte ernsthaft ihr Ansehen – ganz zu schweigen von ihren Gefühlen … Es war ein Verrat.

Doch auch ein trauriges Kapitel darf man humoristisch beenden, zumal durch Goethes Verhalten niemand zu Tode kam. Als in einem Gespräch mit dem Sesenheimer Pfarrer Herbert Wild der berühmte Albert Schweitzer auf Goethe und Friederike zu sprechen kam, bemerkte er altersweise und pragmatisch in schönstem Elsässisch:

Der Simbel von Goethe hätt' 's Rickel hirote solle, er wär nit schlächt mit ere g'fahre!

DIE SESENHEIMER LIEDER

Ob man nun Goethes Verhalten gegenüber Friederike verurteilt oder nicht, unstrittig ist, dass die Sesenheimer Erlebnisse Goethe zu einigen der schönsten Liebesgedichte inspiriert haben, die in deutscher Sprache geschrieben wurden und wegen ihrer Sangbarkeit sehr oft vertont worden sind – das *Mailied* allein fast achtzigmal.

Überlieferung, Chronologie und Editionsgeschichte dieser Texte sind kompliziert und können hier nur angedeutet werden. Die Schwierigkeiten beginnen bereits mit der gängigen Bezeichnung »Sesenheimer Lieder«, der Zahl der dazu gehörigen Texte und deren Verfasserschaft.

Eine Gedichtsammlung mit dem Titel *Sesenheimer Lieder* hat es ursprünglich und offiziell nicht gegeben – im Unterschied zu Goethes anderen frühen Gedichten: den in Leipzig für Käthchen Schönkopf geschriebenen, die als *Neue Lieder* 1769 ebendort veröffentlicht wurden. Als »Sesenheimer Lieder« gelten jene Liebesgedichte, die von Goethe während seines Aufenthalts in Straßburg und Sesenheim verfasst wurden.

Die Anzahl der dazu gehörigen, nie gesammelten Texte ist unsicher, da die Verfasserschaft Goethes nicht immer aufzuklären ist. Schuld an dieser misslichen Situation ist Jacob Lenz, Goethes Tischgenosse bei Dr. Salzmann in Straßburg, begabter Dichter und unglücklicher Exzentriker. Er verehrte Goethe als genialen Meister und versuchte, ihm nachzueifern – auch in amouröser Hinsicht. Ein Jahr nach dessen Weggang aus Straßburg besuchte er Friederike in Sesenheim, verliebte sich in sie und schrieb für sie Gedichte. Aufgrund der verzwickten Textüberlieferung können nicht alle Gedichte Goethe unstrittig zugeschrieben werden. Im-

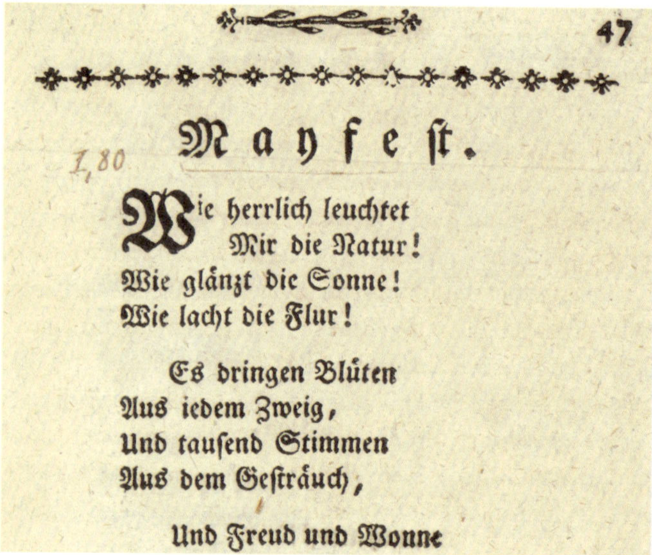

47

Mayfest.

Wie herrlich leuchtet
Mir die Natur!
Wie glänzt die Sonne!
Wie lacht die Flur!

Es dringen Blüten
Aus iedem Zweig,
Und tausend Stimmen
Aus dem Gesträuch,

Und Freud und Wonne

Erstdruck des »Mailiedes« (Anfang) in der Zeitschrift »Iris« (1775)

merhin stammen die vier zuerst veröffentlichten Sesenheimer Lieder eindeutig aus seiner Feder, darunter die beiden schönsten und bekanntesten: das *Mailied* und *Willkommen und Abschied* – sowie *Mit einem gemalten Band* und *Ob ich dich liebe.*

Diese vier Lieder hatte Goethe – Zufall oder Berechnung? – an den Herausgeber einer Frauenzeitschrift geschickt: an Johann Georg Jacobi, den Begründer der *Iris,* einer *Vierteljahresschrift für Frauenzimmer;* dieser veröffentlichte die Texte in Band 2 seiner Zeitschrift. In seinem Begleitbrief schrieb Goethe am 1. Dezember 1774:

> *Heut' empfang ich die »Iris«; einige Blicke, die ich hinein tue, wecken in mir das Gefühl vergangner Zeiten und zugleich die Erinnerung einiger Lieder, die es begleiteten. Ich nehme vor, sie Ihnen zu schicken, und schreibe das aus dem Gedächtnis auf, was Sie hiermit erhalten.*

Drei der in der *Iris* gedruckten Lieder übernahm Goethe dann 1789 in die erste Gesamtausgabe seiner *Schriften* – auf den Abdruck von *Ob ich dich liebe* verzichtete er.

Es dauerte fast ein halbes Jahrhundert, bis weitere Sesenheimer Lieder zum Vorschein kamen. Die Textüberlieferung wurde nun verworren. Wie sie zustande kam, kann jedoch rekonstruiert werden – als eine Art Kettenreaktion. Der Bonner Professor für Klassische Philologie und Beredsamkeit August Ferdinand Naeke (1788-1838) war von Goethes Schilderung der Sesenheimer Ereignisse in *Dichtung und*

Wahrheit – die einschlägigen Bücher 9, 10 und 11 waren 1812 und 1814 erschienen – so fasziniert, dass er 1822 nach Sesenheim reiste, um vor Ort Genaueres über die damaligen Vorgänge in Erfahrung zu bringen. Er verfasste einen nicht sehr informativen, eher geschwätzigen Bericht über diese Reise, der 1840 postum von Karl August Varnhagen von Ense veröffentlicht wurde.

Der Titel *Wallfahrt nach Sessenheim* gab die Perspektive des Autors wieder – die eines Pilgers zu einer heiligen Stätte. Naeke wurde so zum Begründer des später überbordenden Sesenheim-Kults. In einer fast spiritistisch anmutenden Sitzung beschwört er die Geister der Vergangenheit:

> *Ich ging die ganze Zeit in Sessenheim wie auf Wolken, und vollends die beiden Male, da ich im Wohnzimmer des Pfarrhauses saß, der Tür gegenüber, floss vor mir Neu und Alt, Gegenwart und Vergangenheit, Gehörtes und Erlebtes, Friederikes Elternhaus und der jetzige Pfarrer mit seiner Familie wie in eins zusammen.*

Naeke übersandte seinen Bericht, vielleicht durch Varnhagen vermittelt, noch im Jahr der Abfassung 1822 an Goethe – wohl in der Hoffnung, von ihm noch mehr über die Sesenheimer Ereignisse zu erfahren, als dieser in *Dichtung und Wahrheit* mitgeteilt hatte. Doch vergeblich! Goethe antwortet nicht direkt, sondern geht auf Naekes Text in einem erst postum veröffentlichten Aufsatz – *Wiederholte Spiegelungen* – ein. Dort gelingt es ihm, in einer Folge von Allgemeingültigkeiten die Genese biographischer Erinnerung paradigmatisch auf den Punkt zu bringen. Oder anders: Friederikes Schicksal ist ihm lediglich Anlass und Ausgangspunkt für prinzipielle Betrachtungen. Einige Kernsätze seien hier zitiert – sie sind nicht nur richtig, sondern auch brillant formuliert:

Ein jugendlich seliges Wahnleben spiegelt sich unbewusst eindrücklich in dem Jüngling ab.

Das lange Zeit fortgehegte … Bild wogt immer lieblich und freundlich hin und her, viele Jahre im Innern.

Das liebevoll früh Gewonnene, lang Erhaltene wird endlich in lebhafter Erinnerung nach außen ausgesprochen und abermals abgespiegelt.

Hieraus entfaltet sich ein Trieb, alles was von Vergangenheit noch herauszuzaubern wäre, zu verwirklichen.

Die Sehnsucht wächst, und um sie zu befriedigen, wird es unumgänglich nötig, an Ort und Stelle zu gelangen, um sich die Örtlichkeit wenigstens anzueignen.

Hier entsteht nun … die Möglichkeit, ein Wahrhaftes wiederherzustellen; aus Trümmern von Dasein und Überlieferung sich eine zweite Gegenwart zu verschaffen und Friederike von ehemals in ihrer ganzen Liebenswürdigkeit zu lieben.

Dreizehn Jahre nach Naekes Besuch in Sesenheim setzte einer seiner Studenten, der neunzehnjährige Heinrich Kruse, die Spurensuche im Elsass fort – und wurde fündig. 1835 besuchte er Friederikes vier Jahre jüngere Schwester Sophie in Niederbronn, die – unverheiratet geblieben – bei ihrem Bruder, dem Pfarrer Christian Brion, wohnte. Diese gewährte ihm Einblick in einige Texte, die auf fünf losen Blättern notiert waren und sich im Nachlass der 1813 verstorbenen Friederike gefunden hatten. Kruse fertigte Abschriften von zehn Gedichten, die von Goethe und Lenz an Friederike gesandt worden waren. Überdies notierte er ein weiteres Gedicht, das ihm Sophie Brion aus dem Gedächtnis diktierte.

Nach Naeke wird auch Kruse zum Anhänger am Sesenheim-Kult. Bei seinem dortigen Besuch vergießt er in romantischer Exaltiertheit Tränen:

> *Ich war oft tief bewegt und erinnere mich, dass, als ich im Wirtshaus in Sessenheim aufwachte und der Mond so mild und wehmütig durch die altertümlichen runden kleinen Bleifenster schien, ich in einen Tränenstrom ausbrach bei dem Gedanken, dass die schönsten, lieblichsten Erscheinungen so flüchtig, so vergänglich vorübergerauscht.*

Kruses Enthusiasmus ist kaum noch zu steigern. In seinem Reisebericht jubelt der junge Goethe-Verehrer und dehnt seine Begeisterung auch auf den graphologischen Bereich aus – originell, doch keineswegs abwegig:

Ich fand, als ich zu Hause das Bändchen der Rolle öffnete, mehrere Lieder, aber soll ich sagen: Hauche? Aus Goethes liebeswarmem Busen, teils von Friederike abgeschrieben, teils die Lieder selbst von seiner Hand ... Die Schrift verschönert sich, wenn Amor die Hand führt.

Dem jungen Spurensucher Kruse, der es übrigens später zum langjährigen Chefredakteur der angesehenen *Kölnischen Zeitung* brachte, gebührt das Verdienst, die Mehrzahl der Sesenheimer Lieder entdeckt und für die Nachwelt gerettet zu haben: Die fünf Blätter, die sich im Besitz der Sophie Brion befunden hatten, sind verlorengegangen. Die elf Gedichte wurden sukzessive veröffentlicht: vier 1838 in Chamissos *Musenalmanach,* die restlichen 1875 in Hirzels Sammlung *Der junge Goethe.* Verfasser waren Goethe – und Lenz. Bis heute ist die Verfasserschaft einiger dieser Gedichte nicht endgültig geklärt.

Schließlich entdeckte im Jahr 1857 Theodor Bergk im Nachlass des *Iris*-Herausgebers Jacobi zwei Gedichte von Goethe, die dieser dessen Stieftante Johanna Fahlmer, einer langjährigen Vertrauten, wohl 1774 aus dem Gedächtnis diktiert hatte – darunter ein sonst nicht überliefertes.

Insgesamt sind also zwölf Sesenheimer Lieder erhalten – dreizehn, wenn man den besonderen Fall des *Heidenrösleins* dazurechnet. Höchstens elf hat Goethe geschrieben, Lenz die restlichen beiden. Trotz dieser geringen Zahl – insgesamt verfasste Goethe etwa dreitausend Gedichte – gehören einige dieser Texte zu Goethes bekanntesten Schöpfungen.

Manchem Kunstwerk verleihen eben die äußeren Umstände ihrer Entstehung besonderen Glanz – so auch den Sesenheimer Liedern. Einige Experten halten deren literarische Bedeutung sogar für überbewertet. So urteilt Karl Otto Conrady gnadenlos nüchtern:

> *Das Bild des jungen Goethe als eines hinreißenden Lyrikers neuer Art ist ein spätes Bild. Mit leuchtenden Farben haben Goetheforschung und -verehrung es ausgemalt. Doch bleibt zu fragen, ob das Besondere dieser Gedichte genauso betont würde, wenn ihr Autor nicht Johann Wolfgang Goethe hieße und die Interpreten sein Friederikenerlebnis nicht mitgedacht hätten.*

Einige Gedichte jedoch sind zweifellos frühe Meisterwerke und haben eine nähere Betrachtung verdient: Um das *Mailied, Mit einem gemalten Band, Willkommen und Abschied* wollen wir uns kümmern. Bei dieser Auswahl folgen wir vor allem der Entscheidung Goethes: Er hatte nur diese Gedichte in die erste von ihm selbst vorgenommene Sammlung seiner Dichtungen, die *Schriften* (1789), aufgenommen und ihnen so Imprimatur erteilt.

Beginnen wir mit einem Gedicht, das den Übergang von witzig tändelnder Rokokodichtung zu ernstgemeinter Liebeserklärung markiert und von Beethoven kongenial vertont wurde:

MIT EINEM GEMALTEN BAND

Kleine Blumen, kleine Blätter
Streuen mir mit leichter Hand
Gute junge Frühlings-Götter
Tändelnd auf ein luftig Band.

Zephyr, nimm's auf deine Flügel,
Schling's um meiner Liebsten Kleid;
Und so tritt sie vor den Spiegel
All in ihrer Munterkeit,

Sieht mit Rosen sich umgeben,
Selbst wie eine Rose jung.
Einen Blick, geliebtes Leben,
Und ich bin belohnt genung.

Fühle was dies Herz empfindet,
Reiche frei mir deine Hand,
Und das Band, das uns verbindet,
Sei kein schwaches Rosen-Band!

Dieses Gedicht hat eine aufregende Textgeschichte hinter sich. Goethe hat im Lauf der Jahre – wie die drei erhaltenen unterschiedlichen Fassungen zeigen – den Text komprimiert, indem er die ursprünglich vorhandene redundante vierte Strophe entfernte und den griffigen Titel *Mit einem gemalten Band* erfand. Und den plump erhofften »Kuss« der beiden früheren Fassungen ersetzte er durch den auch metaphysisch gemeinten »Blick« (V. 11), der ihm bekanntlich den Einblick in die Seele eröffnete und der mit insgesamt 1500 Belegen zu seinen Lieblingsbegriffen gehört.

Der im Erstdruck in Jacobis Zeitschrift *Iris* verwendete Titel, den Goethe später vereinfachte, verrät den Anlass dieses Gedichts: *Lied, das ein selbst gemaltes Band begleitete.* In der Tat entstand dieser Text als Gelegenheitsgedicht – was keineswegs negativ gemeint ist. Goethe selbst hat sich dazu eindeutig geäußert. Zu Eckermann bemerkt er einmal:

> *Alle meine Gedichte sind Gelegenheitsgedichte. Sie sind durch die Wirklichkeit angeregt und haben darin Grund und Boden.*

Hier ist die Gelegenheit eine einfache, in der Rokokozeit sehr beliebte Aktion: Junger Mann bemalt in bunten Farben ein Stoffband für seine – tatsächliche oder nur eingebildete – Liebste und schickt es ihr, damit sie es gefälligst als Zeichen ihrer erotischen Verbundenheit an ihrem Kleid tragen möge. In *Dichtung und Wahrheit* kommentiert Goethe solch eine Gelegenheit:

> *Gemalte Bänder waren damals erst Mode geworden; ich malte ihr gleich ein paar Stück und sendete sie mit einem kleinen Gedicht voraus.*

Dieses Gedicht beschreibt in atemraubender Geschwindigkeit die Situation. Ohne die bremsenden Vorsilben jambischer Versmaße fliegen die 64 Trochäen an ihr Ziel. Keine Silbe, kein Wort zu viel. Aus einem Guss die erste Strophe: Die vier Verse werden durch Enjambement (Zeilensprung) zu einer Einheit gebunden. In raffinierter Satzumstellung werden die wichtigsten Realien dieses Gedichts, die durch doppelte Alliteration verbunden sind, an den Anfang gerückt: »Kleine Blumen, kleine Blätter« sind scheinbares Subjekt, in Wirklichkeit von den »Frühlingsgöttern« abhängige Akkusativobjekte. Im Zeitraffertempo wird der Ablauf der Ereignisse angedeutet: Malen, Senden, Betrachten vor dem Spiegel.

Gelegenheit und Requisiten dieses Gedichts gehören zweifellos ins Rokoko: gemalte Bänder, Zephyr, Frühlingsgötter (Putten oder Amoretti). Epitheta wie »leicht«, »jung«, »luftig«, »Munterkeit«, »tändelnd« gehören zum Repertoire anakreontischer Dichtung, wie sie Goethe selbst in seiner Leipziger Zeit geschrieben hatte – sein Schäferspiel *Die Laune des Verliebten* (1767/68) ist dafür ein Beispiel. Und noch einige Jahre nach seinem Aufenthalt in Straßburg und Sesenheim begegnen wir in seinem berühmten *Veilchen* den in der Anakreontik so beliebten Diminutiven »Weilchen«, »Liebchen«, »Viertelstündchen« und Geminationen »daher, daher«, »ach nur, ach nur«, »durch sie, durch sie«.

Dass er, wie erwähnt, vier seiner Sesenheimer Lieder, auch *Mit einem gemalten Band,* zur Publikation ausgerechnet an Johann Georg Jacobi schickte, dessen anakreontische Ergüsse – *wo das Motiv durchaus null ist* – von ihm verrissen worden waren, spricht für eine gewisse Wendigkeit Goethes.

Jedenfalls findet im *Gemalten Band* noch nicht jener lyrische Neubeginn oder jene dichterische Revolution statt, von dem in der Goetheforschung ständig die Rede ist. Ein jugendliches Meisterwerk ist das Gedicht allemal: eine reizende Miniatur – nicht mehr, nicht weniger.

Da ist das *Mailied* von einem anderen Kaliber.

MAILIED

Wie herrlich leuchtet
Mir die Natur!
Wie glänzt die Sonne!
Wie lacht die Flur!

Es dringen Blüten
Aus jedem Zweig,
Und tausend Stimmen
Aus dem Gesträuch,

Und Freud' und Wonne
Aus jeder Brust.
O Erd'! o Sonne!
O Glück! o Lust!

O Lieb'! O Liebe!
So golden schön,
Wie Morgenwolken
Auf jenen Höhn!

17 *Du segnest herrlich*
Das frische Feld,
Im Blütendampfe
Die volle Welt.

21 *O Mädchen, Mädchen,*
Wie lieb' ich dich!
Wie blickt dein Auge!
Wie liebst du mich!

25 *So liebt die Lerche*
Gesang und Luft,
Und Morgenblumen
Den Himmelsduft,

29 *Wie ich dich liebe*
Mit warmem Blut,
Die du mir Jugend
Und Freud' und Mut

33 *Zu neuen Liedern*
Und Tänzen gibst.
Sei ewig glücklich,
Wie du mich liebst!

Auch dieses – neben dem *Heidenröslein* – wohl bekannteste und beliebteste Gedicht Goethes wurde 1775 erstmals in Jacobis Zeitschrift *Iris* unter dem Titel *Maifest* veröffentlicht.

Gustave Brion (ein Großneffe Friederikes): Le Chant de Mai (1864)

Diesen veränderte Goethe in seinen von ihm selbst herausgegebenen *Schriften* (1789) zu *Mailied* – aus gutem Grund: Der spezielle Anlass – Maibrauch oder Pfingstfest – musste der allgemeinen Bedeutung weichen.

Ob Goethe das Gedicht in Sesenheim schrieb, ist nicht sicher: Es findet sich nicht unter den von Kruse kopierten Texten aus dem Nachlass Friederikes. Immerhin berichtet Goethe in einem Brief an Salzmann vom 29. Mai 1771 über seine tänzerischen Aktivitäten am Pfingstmontag 1771 (20. Mai):

> *Getanzt hab' ich und die Älteste pfingstmontags, von zwei Uhr nach Tisch bis zwölf Uhr in der Nacht, an einem fort, außer einigen Intermezzos von Essen und Trinken.*

Das *Mailied* wird zu Recht als Überwindung der Rokokolyrik durch den Sturm und Drang gefeiert. Es entbehrt in der Tat der dort üblichen Versatzstücke: Zephir, Bänder, Schäferinnen und so weiter. Hier wird aus dem milden Zephir ein Stürmen, aus frivolem Tändeln ein ernsthaftes Drängen.

Es beginnt mit drei Ausrufen, in denen sich das lyrische Ich in pantheistischem Überschwang für Natur, Sonne, Flur begeistert. In den weiteren Strophen folgt, zum Teil in atemraubenden Ellipsen formuliert, eine Apostrophe (Anrufung) auf die andere – gipfelnd im berühmten An- und Ausruf »O Mädchen, Mädchen, / Wie lieb' ich dich!« (V. 21f.) – 150 Jahre später in Franz Lehárs Operette *Friederike* (1928) gefühlvoll verkitscht. Für die Wirkung auf den Zuhörer entscheidend: Er begreift diese Verse, ohne dass er dieser zahlreichen rhetorischen Kunstgriffe gewahr wird.

Doch um mehr als ein individuelles Gefühl geht es Goethe. Kein autobiographisches Liebesgedicht also – vielmehr generalisiert Goethe hier »das Kosmische der Liebe« (Erich Trunz). Friederike wird nicht verewigt, sondern dient als Quelle der Inspiration – sie ist *die schönste meiner Musen,* wie Goethe in einem anderen Sesenheimer Lied schwärmt. Sie war wohl weniger Objekt seiner Begierde als einer kurzen heftigen Zuneigung – und vor allem Quelle für einige frühe poetische Entwürfe, in denen er die anakreontischen Tändeleien des Rokoko hinter sich lässt und in die Geniezeit stürmt.

In den beiden ersten Versen gibt er das Motto bekannt: »Wie herrlich leuchtet / Mir die Natur!« Die – auch metrische – Betonung liegt auf dem ganz persönlichen »mir«, das durch trochäische Taktumstellung gegenüber den sonst im Gedicht verwendeten Jamben besonderes Gewicht erhält. Gemeint ist die Teilhabe des Individuums an der durch die Liebe in allen Bereichen belebten und veredelten Natur: Blumen und Vögel nehmen daran teil – aber auch der Mensch. »Die volle Welt« (V. 20) ist von Liebe erfüllt. Man ist versucht, im Anschluss an griech. *agape* (Liebe) diese Sicht als Panagapismus zu bezeichnen – eine Welt, in der die Liebe allumfassend ist und kosmische Dimensionen hat.

Die einzelnen Bereiche der Natur werden im Gedicht variierend wiederholt. Zu »Blüten« und »Zweig« in der zweiten Strophe gesellen sich das »frische Feld« und »Blütendampf« in der fünften. Und auf »tausend Stimmen« (V. 7) folgt der Gesang der Lerche (V. 25f.). Als Höhepunkt werden die Liebe des Sprechers zu seinem Mädchen und dessen Gegenliebe beschworen (V. 22 und 24) – in chiastischer Verschränkung: »Wie lieb' ich dich / Wie liebst du mich!«. Er ist überwältigt von den wohltuenden Wirkungen seiner Liebe, die ihm »Jugend«, »Freud'« und »Mut zu neuen Liedern« (V. 31 ff.) schenkt.

In diesem Gedicht fallen übrigens drei sprachliche Besonderheiten auf. Eine eher amüsante und aus anderen seiner Dichtungen bekannte: Er reimt auf Frankfurter Art »Zweig« mit »Gesträuch« (V. 6 und 8). Wichtiger sind zwei Neologismen, die Goethe nur im *Mailied* verwendet: die wunderschönen »Morgenblumen« (V. 27), mit denen man sogleich Tau, Frische, Duft assoziiert, sowie der kühne, fast expressionistisch anmutende »Blütendampf« (V. 19).

Ähnlich berühmt wie das *Mailied* ist im Lauf der Zeit *Willkommen und Abschied* geworden. Dieses Gedicht ist in vier Fassungen mit zahlreichen Varianten überliefert. Um dessen Textgeschichte und Deutung ist inzwischen fast eine eigene philologische Abteilung entstanden. Hierzu nur das Nötigste – die meisten Passagen dieses Gedichts bedürfen ohnehin zu ihrem Verstehen keiner weitschweifigen Kommentare.

Aus Friederikes, von Kruse kopiertem Nachlass sind lediglich zehn Verse ohne Titel überliefert:

Es schlug mein Herz, geschwind zu Pferde
Und fort! wild wie ein Held zur Schlacht
Der Abend wiegte schon die Erde
Und an den Bergen hing die Nacht
Schon stund im Nebelkleid die Eiche
Wie ein getürmter Riese da,
Wo Finsternis aus dem Gesträuche
Mit hundert Schwarzen Augen sah.
Der Mond von einem Wolkenhügel
Sah schläfrig aus dem Duft hervor

In diesem fragmentarischen Text stürmt der junge Held zur Geliebten – in aufgeregten, elliptisch kurzen Sätzen, von einer fast expressionistisch bezeichneten Natur umgeben: Die Finsternis hat »hundert Schwarze Augen« (V. 8), und der umwölkte Mond scheint »schläfrig« (V. 10).

Die uns heute vorliegenden Strophen 2, 3 und 4 hat Goethe später ergänzt und dabei von Ausgabe zu Ausgabe Änderungen vorgenommen, die das lodernde Feuer des Kruse-Textes und der Erstausgabe in Jacobis *Iris* (1775) fast erlöschen lassen. So lautet die von Goethe ergänzte und veränderte Fassung in seinen *Schriften* (1789) und in der Ausgabe letzter Hand (1827):

WILLKOMM UND ABSCHIED

Es schlug mein Herz, geschwind zu Pferde!
Es war getan fast eh' gedacht;

Der Abend wiegte schon die Erde,
Und an den Bergen hing die Nacht:
Schon stand im Nebelkleid die Eiche,
Ein aufgetürmter Riese, da,
Wo Finsternis aus dem Gesträuche
Mit hundert schwarzen Augen sah.

Der Mond von seinem Wolkenhügel
Sah kläglich aus dem Duft hervor,
Die Winde schwangen leise Flügel,
Umsaus'ten schauerlich mein Ohr;
Die Nacht schuf tausend Ungeheuer;
Doch frisch und fröhlich war mein Mut:
In meinen Adern welches Feuer!
In meinem Herzen welche Glut!

Dich sah ich, und die milde Freude
Floss von dem süßen Blick auf mich,
Ganz war mein Herz an deiner Seite,
Und jeder Atemzug für dich.
Ein rosenfarbnes Frühlingswetter
Umgab das liebliche Gesicht,
Und Zärtlichkeit für mich – Ihr Götter!
Ich hofft' es, ich verdient' es nicht!

Doch ach! schon mit der Morgensonne
Verengt der Abschied mir das Herz:
In deinen Küssen, welche Wonne!

28 *In deinem Auge, welcher Schmerz!*
Ich ging, du standst und sahst zur Erden,
Und sahst mir nach mit nassem Blick:
Und doch, welch Glück geliebt zu werden!
Und lieben, Götter, welch ein Glück!

Die Änderungen, die Goethe an seinem ursprünglichen Text vornimmt, lassen die Vermutung zu, dass er sich auf dem Weg zur Klassik vom stürmischen Drang der frühesten Version distanziert. In diesem Sinne hatte er sich in einem Brief an Herder vom 1. März 1788 geäußert, als er die erste Ausgabe seiner *Schriften* vorbereitete: Er arbeite daran, *die allzu individuellen und momentanen Stücke einigermaßen genießbar zu machen*.

Das ungestüme »wild« (V. 2), durch metrische Taktumstellung betont, wird eliminiert – der ganze vorwärtsdrängende Vers durch ein banales »Es war getan, fast eh' gedacht« ersetzt. Und der Mond sieht nicht »schläfrig aus dem Duft hervor«, sondern – metaphorisch weniger überzeugend – »kläglich« (V. 10).

Zu diesen metaphorischen Glättungen passt auch der Duktus der in der *Iris* und in Goethes *Schriften* ergänzten Strophen, der sich immer mehr beruhigt. 1775 spricht sich der nächtens zu seiner Geliebten reitende Jüngling Mut zu – sein Geist und sein Herz befinden sich in einem mörderischen Zustand:

Die Nacht schuf tausend Ungeheuer –
Doch tausendfacher war mein Mut;
Mein Geist war ein verzehrend Feuer,
Mein ganzes Herz zerfloss in Glut.

Vierzehn Jahre später ersetzt Goethe die exzessiven Passagen durch Allgemeinplätze:

Die Nacht schuf tausend Ungeheuer;
Doch frisch und fröhlich war mein Mut:
In meinen Adern welches Feuer!
In meinem Herzen welche Glut!

Die selbstzerstörerischen Elemente – »*verzehrend*« (V. 15) und »*zerfloss*« (V. 16) – sind zugunsten milder Trivialisierungen entfernt. Die wichtigsten Veränderungen finden sich jedoch in der letzten Strophe, wo der Abschied dargestellt wird. In der frühen Version verlässt das Mädchen den Jüngling, der ihm »mit nassem Blick« (V. 30) nachschaut. In der späteren Fassung dreht Goethe den Spieß um: Der junge Mann geht – und das Mädchen weint.

Genau diese männische Perspektive übernimmt Goethe später in die bereits erwähnte Abschiedsszene, die er in *Dichtung und Wahrheit* erzählt: *Als ich ihr die Hand noch vom Pferde reichte, standen ihr die Tränen in den Augen* … Hier greift Goethe exemplarisch für das »Grundwahre« auf sein »Gedichtetes« zurück: Geweint haben vielleicht beide nicht, doch nach Weinen war beiden sicher zumute.

Auch den Anfang des Gedichts – den stimmungsvollen nächtlichen Ritt – hat Goethe Jahrzehnte später für seinen einschlägigen Bericht in *Dichtung und Wahrheit* genutzt und ossianische Requisiten wie Nebel, Mond und Geister übernommen:

> *So stark ich auch ritt, überfiel mich doch die Nacht. Der Weg war nicht zu verfehlen, und der Mond beleuchtete mein leidenschaftliches Unternehmen. Die Nacht war windig und schauerlich ...*

Dass dieses »leidenschaftliche Unternehmen« mit einer Übernachtung bei der Geliebten verbunden ist, erwähnt Goethe erst in den späteren Fassungen. Aus

> *Der Abschied, wie bedrängt, wie trübe!*
> *Aus deinen Blicken sprach dein Herz.*

wurde

> *Doch ach! Schon mit der Morgensonne*
> *Verengt der Abschied mir das Herz.*

Durch diese Veränderung stellt Goethe sein Gedicht in die alte Tradition des europäischen Tagliedes – der »Alba«: Im Morgengrauen nimmt der Geliebte Abschied von der Geliebten. Und überdies gewinnt der Text eine balladenhaft erzählende Struktur.

Jenseits aller textgeschichtlichen Erörterungen ist festzuhalten, dass es Goethe in diesem Gedicht endgültig gelingt, die frivole »Leipziger Witzkultur« (Paul Böckmann) durch Ernsthaftigkeit zu überwinden. Jenseits aller literarhistorischen Einordnungen beglückt es uns durch seine Atmosphäre, den Rhythmus seiner narkotisierend gleichmäßigen Jamben und das einem Zeitraffer vergleichbare Erzähltempo, das in nur 32 Versen die Annäherung, das Zusammentreffen und den Abschied komprimiert.

Und in allen Versionen hielt Goethe am ursprünglichen Wortlaut der beiden Schlussverse fest – jener zu Recht berühmten, alle Verliebten ermunternden und tröstenden Pointe, mit der er sich als unübertrefflicher Meister der Sprache erweist. Er haucht der sonst oft mechanisch verwendeten rhetorischen Figur des Chiasmus (über Kreuz angeordnete Satzglieder) Leben ein – Wichtigeres kann über die Liebe in solch inniger Verschränkung kaum gesagt werden:

Und doch, welch Glück geliebt zu werden!
Und lieben, Götter, welch ein Glück!

DOKUMENTE

Zuvörderst: Es gibt, wie bereits erwähnt, kein authentisches Porträt Friederikes. Die tausendfach reproduzierte Lithographie von Georg Engelbach (vier Jahre nach Friederikes Tod geboren) gibt nicht deren Aussehen wieder. Dies trifft auch für die Silberstiftzeichnung von Friedrich August Tischbein zu, dem wir das berühmte Gemälde *Goethe in der Campagna* (1787) verdanken: Die dargestellte junge Frau ist eine Dame der vornehmen Gesellschaft und kein Mädchen vom Lande.

Und auch das fünfzig Jahre nach ihrem Tod geschaffene Medaillon auf ihrem am 19. August 1866 eingeweihten Grabstein gibt keineswegs Friederikes Aussehen wieder. Nach Aussage von Andreas Hockenjos, dem damaligen 90-jährigen (!) Totengräber in Meißenheim, hat der Künstler dieses Medaillon nach einer Urgroßnichte Friederikes gestaltet, die ihrer Vorfahrin sehr ähnlich gesehen habe.

Wir müssen uns *nolens volens* auf Goethes oben zitierte Beschreibung in *Dichtung und Wahrheit* verlassen: »Gewaltige blonde Zöpfe« und »heitere blaue Augen« soll sie gehabt haben.

Selbst ihr Geburtsdatum ist uns nicht bekannt, da die Kirchenbücher ihres Geburtsorts Niederrödern nicht erhalten

Geburtshaus von Friederike Brion (Pfarrhaus) in Niederrödern

sind. Sie wurde Ostern 1766 in Sesenheim konfirmiert – aufgrund der damaligen landesherrlichen Vorschrift im Alter von vierzehn oder fünfzehn Jahren; sie war also 1751 oder 1752 geboren und achtzehn Jahre alt, als Goethe sie kennenlernte.

Friederikes Vater, Johann Jakob Brion, geboren 1717 in Straßburg, stammte aus einer hugenottischen Handwerkerfamilie, die aus Antwerpen nach Straßburg eingewandert war. Er studierte Theologie ebendort und wurde 1743 Pfarrer in Niederrödern – zwanzig Kilometer von Sesenheim entfernt. Er heiratete 1747 die neunzehnjährige Maria Magdale-

Pfarrhaus in Meißenheim, wo Friederike lebte und starb

na Schöll, die in kurzen Abständen zehn Kinder auf die Welt brachte, von denen fünf früh starben.

Von 1760 bis zu seinem Tod im Jahr 1787 war Friederikes Vater Pfarrer in Sesenheim. Er war keineswegs arm, durfte 32 Hektar Pfarrland bewirtschaften und war durchaus beliebt, wie uns Heinrich Kruse, der Bewahrer der Sesenheimer Lieder, mitteilt:

> *Über den alten Herrn mussten die Bauern noch lächeln. Er war etwas wohlbeleibt und dabei klein … Ein volles Gläschen hatte er gern … Doch war er auch so gutmütig, dass er das Kleid vom Leibe weggegeben.*

Das Sesenheimer Pfarrhaus allerdings, in dem auch Friederike aufwuchs, war baufällig. Ihrem Vater, der an einem Neubau des zweistöckigen Fachwerkhauses tüftelte, bot der Alleskönner Goethe – wie schon seinem Vater in Frankfurt – Hilfe an: bei *der Fertigung eines Grundrisses, auf welchen doch vorerst alles ankommt.*

Als Goethe Mitte Oktober 1770 erstmals die Brions in Sesenheim besucht, sind im Pfarrhaus sechs Mitglieder der Familie anwesend: der Pfarrer Johann Jakob Brion (53 Jahre alt), seine Ehefrau Maria Magdalena (46 Jahre alt), deren Töchter Maria (21 Jahre alt), Friederike (18 Jahre alt) und Sophie (14 Jahre alt) sowie das Nesthäkchen Christian (7 Jahre alt); Katharina, die älteste Tochter, war mit einem Pfarrer verheiratet und wohnte seit mehreren Jahren nicht mehr im Elternhaus, sondern im badischen Eichstetten.

Auch nach dem Bruch mit Goethe spielt sich Friederikes Leben vorwiegend in protestantischen Pfarrhäusern ab – in der Verwandtschaft hat sie es vor allem mit Pfarrern zu tun.

Zusammen mit ihrer ebenfalls nie verheirateten Schwester Sophie zieht sie 1787 nach dem Tod ihres Vaters – ihre Mutter war im Jahr zuvor gestorben – zu ihrem Bruder Christian, Pfarrer in Rothau und später in Niederbronn. Während Sophie bis zu ihrem Tod (1838) in Christians Haushalt bleibt, folgt Friederike ihrer Schwester Maria, die mit dem Pfarrer Gottfried Marx verheiratet ist, 1801 nach Diersburg in der Ortenau. Als ihr Schwager 1805 Pfarrer im badischen Meißenheim wird, bleibt sie in deren Haushalt.

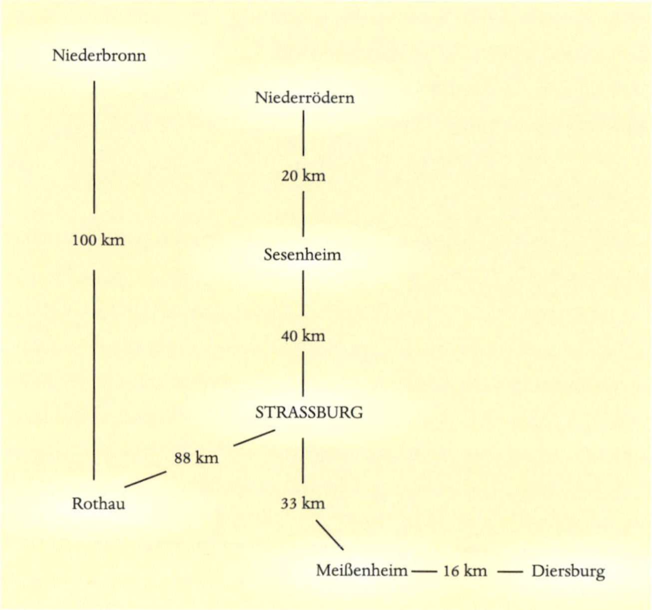

Friederike Brions »kleine Welt«

Nach jahrelangen Aufenthalten bei ihren Verwandten in elsässischen und badischen Pfarrhäusern kommt Friederike endlich in Meißenheim in der Ortenau zur Ruhe.

Sie ist ihr Leben lang in jener »kleinen Welt«, in jenem »Eckchen der Welt« verblieben, wie Goethe es nannte – soziologisch zutreffend (nur in Pfarrhäusern lebte sie), geographisch und logistisch jedoch nicht: Für Friederike waren die

Orte, an denen sie sich aufhielt, zum Teil Tagesreisen oder weiter voneinander entfernt – in der Postkutschenzeit anstrengende Unternehmungen.

In Meißenheim verbringt sie die letzten acht Jahre ihres Lebens – als von allen geschätzte Ratgeberin, vielfache Patentante und Spenderin für Notleidende, von vielen leicht spöttisch, doch liebevoll »das Täntlein« genannt. In jenen Jahren führte sie keineswegs das Leben einer verschrobenen »alten Jungfer«. Sie unternahm häufig Besuche und wurde oft besucht.

Bescheidene Spuren solcher Kontakte hat sie in Gäste- und Stammbüchern hinterlassen.

Ihr grundehrlicher, fast ein wenig naiver Charakter offenbart sich hier. Ins Stammbuch des Heilbronner Senators Schübler schrieb sie (ca. 1780):

Immer die Wahrheit reden und empfinden –
Dieses wünscht Ihre um andencken bittente
Freundin F. B.

Und einem ihrer Neffen riet sie:

Laß weder Leichtsinn noch Laster die Blüthe
zu so vielem Guten vergiften, daß reicher
früchten sich bald freuen darf
Deine dich so herrlich und aufrichtig
liebende tante
Frid. Brion

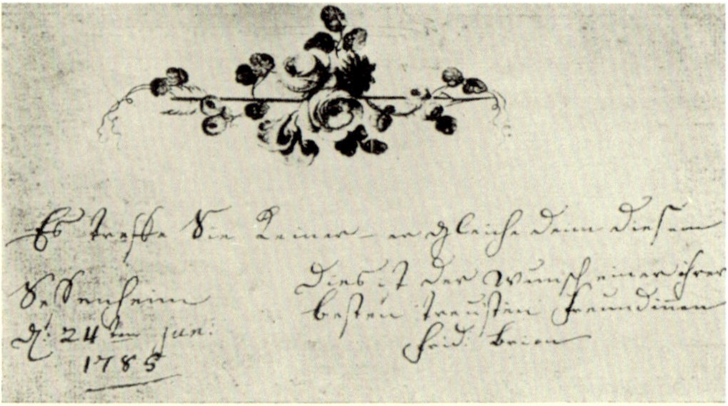

Stammbucheintrag Friederikens.

Stammbucheintrag Friederikes (24. Juni 1785)

Am 3. April 1813 starb Friederike – das Meißenheimer Pfarrarchiv gibt genaue Auskunft:

> *Samstag, den 3. April, nachmittags um 5 Uhr, starb dahier Friederika Elisabetha Brion, des weiland Johann Jakob Brion, gewesenen evangelisch-lutherischen Pfarrers in Sessenheim, ehelich erzeugte ledige Tochter. Es wurde dieselbe heute den 5. April 1813 abends um 5 Uhr begraben.*

An Friederikes Todestag trug Goethe nichtsahnend in sein Tagebuch ein: *Bedeckt. Feucht. Regen* – am Tag ihres Begräbnisses: *Trüber Tag. Abends heiter.*

Das Grabmal von Friederike Brion in Meißenheim

An der Rückseite der sehenswerten Meißenheimer Barockkirche (mit der hörenswerten Silbermann-Orgel, auf der auch Albert Schweitzer spielte) ist Friederikes Grabmal zu besichtigen. Auf ihm verkündet eine Inschrift, die übrigens als ihren Todestag irrtümlich den »5.IV.1813« angibt, mit den Versen des Wiener Schriftstellers Ludwig Eckardt, die zwar gut gemeint sind, ihr aber den letzten Rest von Autonomie rauben und sie auf ihre Rolle als Katalysator für Goethes Lyrik reduzieren:

Ein Strahl der Dichtersonne fiel auf sie,
So reich, dass er Unsterblichkeit ihr lieh.

Goethe überlebte Friederike um zwanzig Jahre – er starb am 22. März 1832, vormittags um 11.30 Uhr.

EPILOG

Wie eine weiße Wand den Graffitisprayer anregt, sie zu verunzieren, so verlockt menschliche Tugend den Betrachter, sie anzuschwärzen. Nach Friederikes Tod entstanden zahlreiche Gerüchte und Verleumdungen, die nicht belegbar sind. Von Liebhabern, unehelichen Kindern und Abtreibung ist die Rede. Ich verzichte darauf, diese im Einzelnen zu referieren. Begnügen wir uns mit einem Hinweis von Philipp Ferdinand Lucius, der immerhin sechzehn Jahre lang Pfarrer in Sesenheim war und sich in den dortigen Verhältnissen gut auskannte. Er bemerkt in seiner Biographie *Friederike Brion* (1878), dass die in den Kirchenbüchern als »ledig« bezeichnete Friederike nach damaligem Sprachgebrauch als »unbescholten« gelten musste – und überdies 23-mal als Patentante gewürdigt wurde.

Liederlich war Friederike sicher nicht. Eine ganz andere Frage ist, ob Goethe nicht doch zu ihr eine intimere Beziehung unterhielt, als es zunächst scheint – und als er es selbst in *Dichtung und Wahrheit* darstellt. Eine Frage, die uns heute fast amüsiert, doch noch bis vor kurzem sehr ernstgenommen wurde. In dieser Sache sind wir auf einen einzigen seriösen Gewährsmann angewiesen: den angesehenen

Straßburger Theologieprofessor Ernst Lucius (1852-1902), Lehrer Albert Schweitzers und Sohn jenes oben erwähnten Sesenheimer Pfarrers. Ernst Lucius teilt in zwei Briefen vom 12. Mai und vom 19. November 1896 an den Verfasser eines Buches über die Sesenheimer Geschehnisse Erstaunliches mit:

> *Als Nachkommen des Christian Brion leben gegenwärtig in Straßburg zwei Familien, deren Häupter Architekten und Bauunternehmer sind. Von Friederike vermeiden es geflissentlich alle Angehörigen der Familie zu sprechen. Der wirkliche Grund für diese Zurückhaltung ist mir erst vor elf Jahren bekannt geworden. Um diese Zeit habe ich erfahren, dass aus dem Nachlass Salzmanns nicht fünf, sondern sechs Briefe auf die Straßburger Stadtbibliothek gekommen sind, und dass einer dieser Briefe einen so offenen und unzweideutigen Kommentar zu der »conscia mens und leider nicht recti« enthielt, dass die Familie Brion auf dessen Vernichtung bei dem damaligen Stadtbibliothekar angetragen hat. Dieser – es war der Großvater meiner Frau, Prof. theologiae Jung – hat dem Wunsch der Familie willfahrt und das betr. Schriftstück vernichtet.*

An der Glaubwürdigkeit dieser Mitteilung besteht kein Zweifel. Offenbar befürchteten die Nachkommen von Friederikes Bruder Christian – honorige Straßburger Bürger –, durch Intimitäten kompromittiert zu werden, die Goethe in seinem Brief anscheinend erwähnt: die Furcht des Bürgers vor erotischer Eindeutigkeit und gesellschaftlicher Bloßstellung – und die Angst des Frommen vor dem moralischen Fehltritt.

Keine keusche Liebelei also, sondern eine Affäre? Auch am Ende unseres Rundgangs durch die Sesenheimer Ereignisse soll nicht spekuliert werden. Begnügen wir uns – dem unvergessenen Marcel Reich-Ranicki folgend – mit Bert Brechts resignierender Feststellung:

Wir stehen selbst enttäuscht und sehn betroffen
Den Vorhang zu und alle Fragen offen.

• • •

LITERATURHINWEISE

Ausgaben:

Goethes Werke werden nach folgenden Ausgaben zitiert (die Orthographie wurde modernisiert):

- *Johann Wolfgang Goethe: Gedichte 1756-1799. Herausgegeben von Karl Eibl. Deutscher Klassiker Verlag, Frankfurt am Main 1987.*
- *Johann Wolfgang Goethe: Aus meinem Leben. Dichtung und Wahrheit. Herausgegeben von Klaus-Detlef Müller. Deutscher Klassiker Verlag, Frankfurt am Main 1986.*
- *Der junge Goethe, Band I und II. Herausgegeben von Hanna Fischer-Lamberg. Berlin, 1963.*

Sekundärliteratur (in Auswahl):

- *Dieter Borchmeyer: Goethe, der Zeitbürger. München, 1999.*
- *Dieter Borchmeyer: Schnellkurs Goethe. Köln, 2005.*
- *Nicholas Boyle: Goethe. Band I und II. Frankfurt am Main/Leipzig, 2004.*
- *Richard Brandmeyer: Die Gedichte des jungen Goethe. Göttingen, 1998.*
- *Helmut Brandt: »Goethes Sesenheimer Gedichte als lyrischer Neubeginn«, in: Goethe-Jahrbuch, 10 (1991), 31-46.*
- *Karl Otto Conrady: Goethe. Frankfurt am Main, 1994.*
- *Karl Otto Conrady: »Zur Bedeutung von Goethes Lyrik im Sturm und Drang«, in: Walter Hinck (Hrsg.): Sturm und Drang. Kronberg, 1978, 97-116.*
- *Klaus H. Fischer (Hrsg.): August Ferdinand Naeke: Wallfahrt nach Sessenheim. Schutterwald, 2008.*
- *Johann Caspar Goethe: Liber domesticus, 2 Bände. Herausgegeben von Helmut Holtzhauer und Irmgard Möller. Bern, Frankfurt am Main, 1973.*

- *Willy Guggenbühl: Sessenheim: Chronik einer elsässischen Landgemeinde. Saverne, 1961.*
- *Joseph Kiermeier-Debre: Goethes Frauen. München, 2011.*
- *Helmut Koopmann: Willkomm und Abschied. Goethe und Friederike Brion. München, 2014.*
- *Stephan Ley: Goethe und Friedrike. Bonn, 1947.*
- *Philipp Ferdinand Lucius: Friederike Brion. Straßburg, 2. Auflage 1878.*
- *Theodor Reik: Warum verließ Goethe Friederike? Wien, 1930.*
- *Rüdiger Safranski: Goethe. München, 11. Auflage 2013.*
- *Astrid Seele: Frauen um Goethe. Reinbek, 1997.*
- *Wulf Segebrecht: »Wie Goethe seine schönsten Jugendgedichte behandelte«, in: Revista de Filología Alemana, 8 (2000), 81-93.*
- *Emil Staiger: Goethe, Band I: 1749-1786. Zürich, 5. Auflage 1978.*
- *Robert Steiger: Goethes Leben von Tag zu Tag, 8 Bände. Zürich, 1982-1996.*
- *Gert Ueding: Klassik und Romantik. München, 1987.*
- *Herbert Wild: Das Gästebuch des Sesenheimer Pfarrhauses. Kehl, 1984.*
- *Gero von Wilpert: Goethe-Lexikon. Stuttgart, 1998.*
- *Bernd Witte u. a.: Goethe-Handbuch, 4 Bände. Band. I: Gedichte. Stuttgart, 1996.*

ABBILDUNGSNACHWEISE

- *Alamy Stock Photo, Abingdon: Seite 42 (The History Collection)*
- *Freies Deutsches Hochstift/Frankfurter Goethe-Museum: 12 (III-04446a), 20 (III-10582), 74 (IX J 6 - G 1)*
- *Gemeinde Meißenheim: 98, 103*
- *Goethezeitportal, München: 26*
- *Wikipedia, Berlin: 22 (Jean-Marc Pascolo), 97 (Ralph Hamann)*

INHALT

 Bezugspapier: TapetenManufactur Hembus, Frankfurt am Main. Gesetzt in der Schrift Dante MT Std. Gedruckt auf holzfreies, alterungsbeständiges Werkdruckpapier der Firma Cordier, Bad Dürkheim, von der Memminger MedienCentrum AG. Gebunden in Fadenheftung von der Conzella Verlagsbuchbinderei GmbH & Co KG, Aschheim-Dornach. Printed in Germany.

ISBN 978-3-458-19471-2